엄마의 감정 연습

격정 많고 불안한 삶을
일으켜 세우는 긍정의 심리 기술

엄마의 감정 연습

박태연 지음

유노
라이프
LIFE

엄마의 감정을 돌보고
회복하는 시간

'엄마'라는 단어만큼 마음을 먹먹하게 하는 단어가 있을까요? 저는 친정 엄마만 생각하면 애틋하면서도 가슴 한쪽이 시리고 아파옵니다. 어린 시절에는 엄마가 여자라서 겪어야 했던 아픔과 상처를 이해하기 어려웠지만, 엄마가 지나 온 나이대를 따라가며 중년에 접어든 요즘에는 엄마를 깊이 이해하게 되면서 더 마음이 시려 옵니다.

동병상련(同病相憐)이라는 말이 있지요. 저도 엄마와 같은 여자로서 인생을 살아오며 결혼해서 관계와 현실의 벽에 부딪혀 좌절도 하면서 엄마의 마음을 더 이해하게 되었습니다. 이 땅에서 여자로 태어나 한평생을 살아가는 일이 역시 쉽지만은 않다는 것을 깨달았지요.

전문 상담 교사로 매년 수백 명의 학생을 상담하다 보면 자연히 학부모인 엄마들도 많이 만나게 됩니다. 상담실을 찾아온 수많은 엄마들이 아이 문제뿐만 아니라 부부 갈등, 고부 갈등, 나아가 정서적 문제, 정체성의 부재, 가정 폭력 등으로 어려움을 겪는 것을 보았습니다.

여성은 딸로 태어나 결혼하고 엄마가 되는 순간, 우리 사회에서 책임져야 할 무거운 짐에 억눌리며 삽니다.

상담을 하다 보면 전업주부로 살림과 육아를 도맡아 하면서 외로움을 느끼는 엄마, 직장 생활을 하면서 가정과 직장에 충실하지 못했다는 죄책감에 가슴 아파하는 엄마를 만납니다. 또 어떤 엄마는 남편과의 갈등으로 함께 사는 일이 무의미하다고 느끼고 고부 갈등으로 삶이 지옥 같다며 울먹이기도 합니다. 혼자 아이를 키우며 가정을 책임지는 일에 부담을 느끼는 엄마, 자신을 있는 그대로 사랑하기 어려워하는 엄마도 있습니다.

특히, 요즘 엄마들은 자신에게 주어진 많은 역할 때문에 정체성의 혼란을 느낍니다. 엄마로서 아이를 잘 키우고, 가족을 위해 헌신하고자 하는 마음이 있는 반면에, 사회의 한 구성원으로서 사회적인 성취를 이루고도 싶어합니다. 자신이 결정하는 대로 사는 주체적인 삶을 살기를 바라지만 현실은 제약이 많습니다. 그러다 보니 엄마로서 자신의 역할에 만족하지 못해 불행해하고 인간관계에서도 갈등을 빚습니다.

불안, 걱정의 강도도 심해지고 있습니다. 엄마들은 자녀의 미래를 위해 어떤 것을 해 줘야 하는지, 뒤처지고 있는 것은 아닌지 걱정하며 어찌할 바를 모릅니다. 미래에 대해 두려워하고 현실의 상황을 부정적으로 생각하기도 합니다.

이렇듯 삶의 다양한 위기와 갈등 관계를 겪는 가운데 엄마가 자신의 감정을 다스리는 일은 중요합니다. 왜냐하면 엄마의 감정이 아이에게 전달되기 때문입니다. 감정은 아주 색이 진한 염료와도 같습니다. 엄마가 느끼는 감정은 아이의 마음에도 금방 물들어 버립니다.

엄마가 자신의 감정을 이해하고 다스리는 일은 애착과도 이어집니다. 아이의 마음과 부모의 마음이 만난 사이에서 피는 꽃이 '애착(Attachment)'입니다. 애착은 '연속적인 정서적 유대관계'라고 정의할 수 있습니다. 싱싱하고 활짝 핀 꽃이 있는가 하면 시들시들한 꽃도 있듯, 애착도 크게 '안정형 애착'과 '불안정형 애착'이 있습니다. 만 3세 이전까지 부모와의 관계에서 만들어지는 애착은 아이가 앞으로 평생 만나게 될 사람과 세상을 대하는 방식을 결정짓습니다. 그리고 엄마의 애착 유형은 아이에게 그대로 대물림되지요.

엄마의 분리불안은 아이의 분리불안을 낳고, 엄마의 불안정 애착은 아이의 불안정 애착을 낳습니다. 비단 관계에 있어서 감정의 전염은 가족에게만 국한된 것이 아닙니다. 주위의 사람들과 좋은 관계를 맺고 긍정적인 사이를 만들어 가기 위해서 감정의 관리, 연습, 습관화는 너무도 중요한 것입니다.

그렇기 때문에 감정에 휘둘리는 엄마가 아닌 감정을 다스리는 엄마가 되기 위해서는 자신의 감정을 조절하는 연습부터 시작해야 합니다. 이 책을 읽고 자기 자신에 대한 이해를 바탕으로 사람들과의 관계를 회복하시기를 바랍니다. 부디 이 책을 이 땅의 엄마들이 자신의 감정을 돌보고 상처를 회복하기 위한 안내서로, 새로운 인생 시나리오를 쓰기 위한 작법서로 활용하시길 바라겠습니다.

엄마가 일상생활에서 감정 조절 연습을 쉽게 할 수 있도록 이 책에 구체적인 방법을 제시했습니다. 상처로 아픈 마음을 치유하기, 자신의 감정을 이해하고 받아들이기, 어린아이를 대하듯 자신의 아픈 감정을 돌봐주기, 부정적인 감정을 떠나보내고 자신을 사랑해 주는 연습 등을 통해 행복한 감정을 마주할 수 있을 것입니다. 감정을 조절하고 마음을 치유하면서 변화된 자신을 만나 보십시오.

이 책에 수록된 감정 연습 방법을 매일 실천하면서 제 삶에도 많은 긍정적인 변화가 나타났습니다. 이 감정 연습 방법은 또한, 학교 상담실에서 엄마에게 많은 도움이 되었던 유용한 방법입니다. 일상생활에서 하나씩 실천해 보시길 바랍니다.

상처를 극복할 수 있는 용기와 힘은 자신만이 가지고 있습니다. 자신을 아끼고 사랑해 주지 않는다면 누구도 당신을 사랑해 주기 어렵습니다. 자신의 실수나 단점까지도 있는 그대로 인정하며 이해해 나가는 것이 참된 자기 사랑입니다.

힘겨운 인생으로 좌절하는 엄마에게 드리고 싶은 말씀은 위기와 역경이 꼭 나쁜 것만은 아니라는 것입니다. 다양한 경험은 삶의 지혜를 가져다줍니다. 아픔을 잘 이겨 내면 단단하고 견고한 자아를 만들어 세상의 웬만한 일에는 휘둘리지 않는 삶을 살 수 있습니다.

모쪼록 이 책에 나온 감정 연습법을 익혀서 불행한 감정에서 벗어나 모든 엄마가 마음이 단단하고 건강해지기를 바랍니다. 그리고 엄마이자 한 여성인 자신을 사랑하며, 주체적이고 자유로운 행복한 삶을 살아가시길 소망합니다.

끝으로 이 책《엄마의 감정 연습》이 출간되도록 많은 도움을 주신 출판사 관계자 여러분께 감사의 마음을 전합니다. 남편 김성학 님과 가족과 친인척, 친구, 여러 동료에게도 두 손 모아 감사드립니다.

박태연

차 례

Chapter 1.
엄마는 왜
걱정하고 불안해할까
- 엄마의 감정 연습이 필요한 이유

Chapter 2.
불안한 감정은
어디에서 오는 것일까
- 아이와 엄마의 애착 형성에 대하여

Chapter 3.
나를 망치는
부정적 감정 처리
- 엄마의 상처를 치유하는 심리 기술

Chapter 4.

성장하는 엄마를 위한
긍정적 감정 쌓기

- 나를 변화시키는 자기 긍정의 힘

Chapter 5.

상처받은 관계의
회복을 위하여

- 가족, 사회에서 필요한 인간관계의 기술

Chapter 6.

삶을 변화시키기 위해
실천해야 할 것들
- 행복한 엄마를 위한 자존감 연습법

Chapter 1.
엄마는 왜 걱정하고
불안해할까

- 엄마의 감정 연습이 필요한 이유

엄마도
분리불안을 겪는다

엄마는 모진 풍파 속에서도 아이를 지켜 주는 울타리 같은 존재입니다. 어린아이는 혼자 살아 나갈 수 없기에 엄마에게 의지할 수밖에 없습니다. 저도 마찬가지였습니다. 어린 시절, 저는 학교에서 친구와 다투고 돌아와도 엄마에게 힘들었던 일을 조곤조곤 이야기하면 어느새인가 마음이 풀렸습니다. 그러고는 포근한 엄마 곁에서 잠을 청했습니다. 엄마는 그저 곁에만 있어도 따뜻하고 위로가 되었습니다.

그 당시 엄마는 미용실을 운영해서였는지 패션 감각도 남달랐습니다. 초등학교 시절, 엄마는 저를 옷가게에 데려가 엄마 취향의 눈에 띄는 가죽 치마 등 화려한 옷을 샀습니다. 부끄러움이 많았던 저는 엄마가 사 준 옷을 입고 학교에 가는 것이 너무 창피해서 아침에 발을 동동거리며 있다가 엄마 성화에 못 이겨 겨우 입고 등교했습니다. 엄마는 항상 새로운 헤어스타일이 나오면 시범 삼아 제 머리를 해 주었습니다. 그 당시 유행하던 플라워 파마를 한 기억도 있습니다. 초등학교 시절에는 항상 엄마가 해 준 뽀글뽀글한 파마머리로 다녔습니다. 어릴 적에는 엄마의 말이라면 무조건 따르는 착한 딸이었습니다.

엄마는 미용실에 손님이 없을 때면 아빠에 대한 서운한 마음을 이야기했습니다. "네 아빠는 융통성도 없고 무능력해. 정말 속상해."라며 가끔 눈물을 훔치시며 저를 꼭 안았습니다. 시어머니에 대한 서운함을 이야기할 때도 있었습니다. 결혼해서 처음 시댁에 들어가 살 때, 설거지하고 그릇에 물기가 남으면 안 된다는 시어머니 말에 그릇을 행주로 다 닦았다며 시집살이가 고되었다고 말씀했습니다. 그 당시, 엄마는 의지할 곳 없는 마음을 딸에게라도 이해받고 의존하고 싶었던 것 같습니다.

복잡 미묘한 딸과 엄마의 관계
어른이 되어 '엄마'라는 주제로 이야기하다 보면 복잡하고 미묘한 감정이 섞여 혼란스럽습니다. 내담자였던 현이 씨도 엄마를 사랑하지만, 어릴 때 동생과 싸우고 나면 엄마가 현이 씨만 야단쳤던 게 지금도 너무 속상하고 억울하다고 했습니다. 어린 현이 씨가 동생과 싸운 일은 잘못이지만, 어린아이가 감당하지 못할 정도로 엄마가 자신을 때리고 심하게 혼을 낸 일은 아직도 이해할 수 없다고 말했습니다. 현이 씨는 그때 엄마가 아빠에게 쌓인 화를 자신에게 푼 것 같다고 울먹였습니다. 엄마의 화풀이 대상으로 자란 것 같다며 현이 씨 자신이 한없이 작고 초라해 보인다고 말했습니다.

딸은 엄마에게 애틋한 감정, 사랑하는 감정을 느끼면서도 한편으로는 자신을 정신적, 육체적으로 학대한 사람, 부담을 주는 사람, 심하게 간섭하는 사람으로 생각하며 양가감정을 가집니다. 모녀지간은 가장 가까운 사이지만 어쩌면 그래서 더욱 서로에게 상처를 주는 사이가 아닐까 싶습니다.

딸은 어린 시절부터 엄마와 함께 생활하면서 엄마의 말투, 습관, 행동 방식을 그대로 보고 배웁니다. 심지어 어떤 친구를 만날지, 누구와 결혼할지도 엄마의 영향을 많이 받습니다. 엄마는 딸의 직장이 마음에 들지 않으면 다른 곳으로 옮기라고 조언하거나, 딸의 결혼 상대가 못마땅할 경우 "내 눈에 흙이 들어와도 저 사람과는 결혼할 수 없다."라고 어깃장을 놓으며 결혼을 반대하기도 합니다.

자기 삶의 전부라며 딸에게 집착하는 엄마는 딸의 사생활을 일일이 간섭하면서 힘들게 합니다. 딸이 말을 듣지 않을 때는 "엄마는 너 없으면 안 돼.", "네가 어떻게 엄마한테 이럴 수 있어?"라고 해서 딸에게 죄책감을 심어 줍니다. 엄마는 자신이 이루지 못한 일을 딸에게 강요하는 한편, 딸 때문에 자신의 인생이 망가졌다며 분노하기도 합니다.

엄마는 같은 여자인 딸을 자신과 동일시하고, 자신이 낳았기에 성격, 재능 등을 잘 알고 있다고 생각합니다. 그래서 딸이 하는 행동을 통제하면서 매번 평가합니다. 아들과 달리, 딸에게는 "너는 왜 동생에게 양보하지 않니?", "너밖에 모르니?"라는 말로 부정적 평가를 하며, 은연중에 희생과 양보를 강요합니다.

엄마도 아이와 떨어지는 것이 두렵다

아이가 사춘기가 되면 엄마로부터 심리적으로 독립하고자 하는 욕구가 생겨납니다. 이 시기에는 울타리가 되어 준 엄마 품을 벗어나 자유롭게 결정하고 행동하려 하는데, 이로 인해 엄마와 아이는 종종 갈등을 겪습니다. 아이는 자신의 자유를 침해하는 엄마가 싫어 방문을 걸어 잠그고, 엄마는 여태껏 말을 잘 듣던 아이가 갑자기 왜 엄마 말을 거스르는지 이해할 수 없어 합니다. 아이는 옷 입는 스타일에 대해 참견하는 엄마가 못마땅하고, 엄마의 말이 잔

소리로밖에 들리지 않습니다.

이럴 때 엄마가 아이의 의견을 존중하면서 정서적 독립을 허락해 준다면 멀어진 사이는 다시금 회복할 수 있습니다. 아이는 엄마의 소유물이 아니라 또 다른 한 사람이기에 엄마의 생각을 일방적으로 강요해서는 좋은 관계를 유지할 수 없습니다. 아이가 사춘기에 접어들면 자율성을 존중하고 가족의 경계를 확대하여 자식과의 관계를 새로이 변화시킬 필요가 있습니다. 특히 같은 여자인 딸을 자신과 동일시하는 엄마에게는 더욱 이 관계 개선이 필요합니다.

성인이 된 뒤에도 딸에게 일일이 간섭하는 엄마가 있습니다. 엄마의 존재가 힘겨워진 딸은 바쁜 일이 있다며 연락을 줄이거나 엄마와 멀리 떨어진 곳으로 이사를 가 버립니다. 딸이 갑자기 연락을 끊어 버리면 엄마는 강렬한 심리적 고통을 느낍니다. 딸의 정체성을 인정하지 못하고 자신의 분신이라 여겼던 엄마는 딸과 분리되는 것을 견뎌 내기 힘들어 합니다.

이는 엄마의 분리불안과 관련 있습니다. 아이가 엄마와 떨어지는 일을 두려워하는 심리를 분리불안이라고 하는데, 엄마도 아이가 친구와 만나 늦게 들어오거나 여행 가서 집에 오지 않으면 분리불안을 경험합니다. 엄마는 자신의 엄마에게 의존하고 싶은 마음을 자식에게서 보상받으려 합니다. 어린아이가 엄마와 떨어질 때 울며

떼를 쓰는 일 같은 행동을 엄마가 아이에게 보이는 것과 같습니다.

　발달심리학의 대가인 가쿠바리 게이코는 엄마의 분리불안에 관한 논문에서 "엄마는 아이와 분리되어 있을 때 아이가 잘못될까 봐 불안하지만, 아이에게 의존하기도 한다. 부모는 자녀의 안전에 대해 불안을 느껴 걱정하면서도 자녀를 의지할 대상으로 느낀다."라고 언급했습니다.

　엄마가 딸에 대한 걱정이 심해지면 과하게 간섭하고 통제하는 행동을 보이고, 딸에게 의존할 수 없게 되면 서운함을 느낍니다. 그럴 수록 딸은 엄마에게서 독립을 외치며 떠나려 합니다.

자유로운 삶을 위한 새로운 모녀 관계

　민경 씨는 엄마가 식사를 거르고 살이 빠지는 것이 눈에 보였지만 대수롭지 않게 넘겼습니다. 몇 달 후 엄마가 병원검진을 받았는데, 위암 말기 판정을 받았습니다. 민경 씨는 엄마가 건강하지 못한 것이 자신이 속을 썩여서라며 자책했습니다. 엄마의 병을 빨리 알아차리지 못한 자신이 한탄스러웠습니다. 민경 씨는 엄마에 대한 미안함과 죄책감을 씻기 위해 간호사가 되어 엄마를 돌보겠다고 다짐했습니다.

　민경 씨는 엄마를 신경 쓰지 않은 잘못으로 벌어진 일이라며 자신을 비난했습니다. 민경 씨는 엄마의 불행을 자신의 불행으로 받아들이며 자책했습니다. 민경 씨에게는 엄마의 아픔이 곧 자신의 아픔인 것입니다. 민경 씨는 엄마의 사랑을 받을 자격이 없다고 생각합니다.

엄마의 분리불안을 받아들이고 당연하게 여기며 자란 딸은 엄마가 원하는 것을 채워 주고 맞춰 주었을 때 사랑받을 수 있다고 느낍니다. 분리불안을 겪는 엄마는 과거에 자신이 부모에게서 받지 못했던 사랑을 딸에게서 받으려 하지만, 딸이 엄마의 기대를 충족시키기는 쉽지 않습니다. 엄마의 기대에 부응하는 것이 힘들어 엄마를 책망하던 딸은 마지막에는 자신을 탓하며 죄책감을 느낍니다. 이런 딸은 엄마로부터 독립하고 싶어하지만 엄마에게 버림받을까 봐 두려워 의존하다가, 휘둘리는 것이 힘들어 다시 거리 두기를 반복합니다. 딸은 엄마의 주위를 왔다 갔다 맴돌지만 결국 엄마를 벗어나지 못하는 것입니다.

다 큰 딸로서 엄마로부터, 엄마로서 내 아이에게 느끼는 분리불안에서 벗어나고 싶다면, 새로운 인생 시나리오를 만들어 보는 것은 어떨까요? 엄마를 위한 삶, 아이를 위한 삶이 아닌 오롯이 나를 위한 삶을 만드는 겁니다. 지금부터는 내가 주인공인 새로운 관계를 만들어 주체적인 삶을 살기를 바랍니다.

결국 스스로가 행복해지는 길을 선택하는 일이 최우선입니다. 엄마로서 딸로서 얽히고설킨 감정의 굴레는 자아가 견고하고 단단할 때 벗어날 수 있습니다. 정서적 독립은 나를 건강하게 하고 모두가 자유로운 삶을 살 수 있게 합니다.

엄마와 아이의 심리적 독립은 배우자와 건강한 관계를 맺을 때 가능해집니다. 남편과 대화를 나누고 좋은 관계를 맺었을 때 비로소 아이와도 적당한 거리를 유지하며 행복하게 살아갑니다. 부부가 소소한 대화로 서로를 이해하고 사랑하는 일은 온 가족이 함께 건강하게 살아 나갈 수 있는 최고의 방법이 아닐까 싶습니다.

불행한 과거를
되풀이하는 습관

　　요즘 젊은 남녀는 결혼을 해야 할지, 하지 말아야 할지 고민을 많이 합니다. 어떤 사람은 연애와 달리 결혼은 현실이니 가정을 위해 자신을 희생할 각오가 있으면 결혼하고, 그렇지 않으면 혼자 살라고 조언합니다. 누군가는 결혼은 해도 후회, 하지 않아도 후회니 해 보고 후회하는 편이 낫다고도 말합니다.

　　고된 육아와 가사로 지쳐서 결혼 전으로 다시 돌아가고 싶다고 말하는 사람도 있습니다. 결혼하고 동시에 주어지는 책임과 의무도 무겁다고 합니다.

　　결혼한 뒤 '왜 결혼을 했을까?'라며 결혼 생활에 대한 회의감을 드러낸 내담자들의 말입니다.

민영 씨는 "시댁에서 이렇게 제사를 크게 지내는 줄 몰랐어요. 미리 알았다면 결혼하지 않았을 거예요."라고 말했습니다.

수진 씨는 "시어머니가 매주 집에 오셔서 그릇이며 살림을 새것으로 바꿔 놓고 가시는데, 제 살림에 관여하시는 것이 속상해요."라며 울먹였습니다.

영진 씨는 "결혼 전에는 엄마가 김치찌개도 못 끓이게 했는데 결혼하고 나니 밥이며 반찬이며 분리수거까지 모두 제 몫이네요. 가정부가 된 것 같아요. 남편은 집안일을 우습게 알고 도와주지도 않아요. 따로 살고 싶네요."라고 토로했습니다.

불행을 되풀이하려는 무의식적인 충동

10년 전만 해도 20대 남녀는 결혼을 당연히 해야 한다고 생각했고 결혼하는 사람도 많았습니다. 그런데 정작 결혼하면 꿈같은 환상은 깨지고 맙니다. 배우자와 식사 습관부터 수면 습관까지 차이가 커 마찰을 빚는 경우가 흔합니다.

아내는 해조류를 좋아하는데, 남편은 육류를 좋아할 경우, 외식할 때 서로 자신이 좋아하는 음식을 먹으러 가자며 다투겠지요. 남편의 코골이가 심해서 잠을 잘 수 없다고 짜증을 내며 각방을

엄마의 감정 연습 •

쓰자는 아내도 있겠습니다. 서로 다른 사람이 만나 생활하기는 이처럼 쉽지 않은 일입니다.

결혼은 일생을 좌우할 만한 중요한 사건입니다. 그래서 어떤 사람들은 학벌, 외모, 직업, 연봉, 성격, 가정환경 등을 꼼꼼히 따져 배우자를 선택합니다. 상대방의 사회적 위치와 경제력을 저울질하며 자신에게 적절한 배우자인지 조건을 따집니다. 그로써 자신의 불안함이 해소된다고 생각합니다.

하지만 사람은 어린 시절의 불행했던 삶을 똑같이 되풀이하려는 무의식적인 충동을 가집니다. 불행한 가정에서 자란 두 사람이 애증의 대상인 엄마나 아빠와 유사한 사람을 배우자로 선택하는 경우가 그러합니다. 엄마에게 주먹을 휘두른 아빠를 둔 딸은 아빠와 비슷한 폭력적인 남성을 무의식적으로 선택하여 결혼하고, 의존적인 엄마를 둔 아들은 의존적인 여성을 택하여 결혼합니다. 어린 시절에 이루지 못한 행복한 가정을 이루고 싶다는 소망으로 막연히 기대하지만 현실에서는 무참히 무너지고 맙니다. 그들은 "제가 왜 저 사람을 선택했는지 모르겠어요."라며 결혼 생활이 불행의 연속이라 말합니다.

민지 씨는 '엄마는 아빠와 매일 싸우면서 대접받지 못하고 불행하게 살지만, 나는 엄마와는 다르게 잘 살 거야.'라고 다짐했습니다. 하지만, 결혼 생활은 현실이었습니다. 경제적인 문제에 시달리고 아이를 키우고 양가 행사까지 챙기다 보면 '내가 정말 그를 사랑해서 결혼한 것일까?'라며 사랑에 대한 의문마저 들었습니다. 남편의 무능함, 성격 차이로 불행을 느끼고 다툼이 자주 생겼습니다. 남편은 더군다나 민지 씨 몰래 민지 씨의 핸드폰 문자나 통화 내용을 점검하고 승용차로 어디를 갔는지 위치 추적까지 했습니다. 민지 씨는 결혼 생활이 마치 지옥에 들어간 것과 같다고 토로했습니다.

건강하지 못한 불행한 관계를 현실에서 반복할 때는 과거를 곰곰이 되짚어 볼 필요가 있습니다. 어떤 상처로 인해 과거의 불행을 되풀이하고 있는지 알아차려 봅시다. 자신의 행동 패턴을 알아차려 가까운 사람에게 공감받고 이해받는 과정을 되풀이하면서 엉킨 감정의 실타래를 풀어 봅시다. 자신의 행동을 가만히 관망하며 복잡한 감정을 풀어 나간다면 불행을 반복하려는 충동을 멈출 수 있습니다.

아내인 여성과 남편인 남성의 차이

내담자들로부터 결혼하고 남편의 태도가 바뀌었다는 말을 종종 듣습니다. 결혼 전에는 달이라도 따다 줄 것처럼 행동하던 남편이었는데 결혼하고는 태도가 180도 달라졌다고 합니다. 아내가 이러한 남편의 태도에 낙담하고 격분하여 따지고 들면, 남편은 어이없다는 반응을 보이겠지요. 싸움이 반복되면 마음의 거리는 멀어지고 아내는 지치고 힘든 결혼 생활을 그만두고 싶다는 생각까지 들 겁니다.

일 중심적인 남자와 달리 여자는 관계 중심적이어서 시댁이나 남편, 아이와 관계가 틀어지면 우울해지고 스트레스를 받습니다.

내담자였던 미선 씨는 "남편은 육아에 전혀 신경 쓰지 않아요. 퇴근하고 집에 돌아오면 게임이나 하지 살림이며 육아는 다 제 몫이에요. 남편을 투명인간이라 생각하고 살고 있어요. 그러다 보니 외롭고 우울해서 견딜 수가 없네요."라며 답답해했습니다. 부부가 함께 있어도 서로 다른 생각을 하고 말은 안 통합니다.

여자와 남자는 사고방식이 달라서 관심사도 다릅니다. 남자는 정치나 뉴스, 일에 관심이 많지만, 여자는 취미, 일상생활, 가족, 친구 관계에서 대화 소재를 찾습니다. 같은 곳에 있지만 흥밋거리가 달라 의미 있는 대화를 나누기가 쉽지 않습니다.

남편이 아내의 마음을 이해하는 일은 어렵지 않습니다. 속상하고 상처받은 마음에 공감해 주는 것만으로도 관계 회복에 큰 힘이 됩니다. 남편이 아내의 행동에 고마움을 표하고 부드럽게 미소만 지어 줘도 아내는 행복을 느낍니다.

남편이 아내의 마음을 알아주고 이해해 주면 좋겠지만 기대가 크면 클수록 실망하는 법입니다. 남편의 마음과 행동은 아내가 조정할 수 없습니다. 남편이 마음을 헤아려 주기를 바라기보다 남편을 있는 그대로 받아들이는 편이 정신건강에 좋습니다. 좀 더 주체적인 아내가 되는 법에 대해 알아봅시다.

주체적인 아내가 되기 위한 네 가지 방법

첫째, 남편에 대한 큰 기대를 하지 않는 편이 좋습니다. 깔끔한 줄 알았던 남편은 며칠 동안 씻지도 않고 옷도 잘 갈아입지 않는 사람일지도 모릅니다. 눈에 콩깍지가 벗겨지고 남편의 꾸밈없는 실체를 마주하게 되는 일은 쉽지 않겠지요. 그래도 남편의 있는 그대로 모습을 받아들이고 꿈꾸었던 사랑의 환상에서 벗어나길 바랍니다.

둘째, 남편과 적당한 거리를 유지하기를 바랍니다. 심적으로 너무 가까워도, 너무 떨어져도 좋은 관계를 유지하기 어렵습니다. 적당한 마음의 거리를 유지하면서 상대방을 바라보고 존중할 때 오랫동안 함께 안정된 결혼 생활을 유지할 수 있습니다.

엄마의 감정 연습 •

셋째, 상대방의 행동을 이해해 보려는 마음가짐을 가지십시오. '그럴 수 있겠다', '다른 이유가 있겠지'라고 상대방의 행동을 인정할 때 내 마음도 편안해집니다. 안정된 마음으로 서로 대화를 나누며 상대방에게 원하는 것이 있다면 부드러운 음성과 따뜻한 미소로 이야기해 봅시다.

넷째, 자기계발을 하십시오. 결혼 후에도 삶의 목표를 세우고 멋지게 살아가는 여성들이 많습니다. 운동, 외국어, 창작, 독서 등을 통해 자신의 재능과 끼를 찾아내고 꿈꿔 왔던 소망을 이루어 내십시오. 직장 생활을 한다면 전문직 여성으로, 가정주부라면 다양한 모임이나 봉사활동을 통해 삶의 의미를 찾아보는 연습을 해 봅시다. 자신을 가꾸고 성장할 수 있도록 노력한다면 새로운 나의 참모습과 만날 수 있을 것입니다.

다름을 인정하지
못해서 생기는 오해

　　사람마다 얼굴 생김새가 다르듯 생각과 행동하는 방식도 각
양각색입니다. 한솥밥을 먹는 가족이더라도 생각이 달라 사소한
일로 다투는 경우가 많습니다. 부부끼리 생활 방식이 달라 서로를
비난하며 자신이 원하는 대로 상대방이 맞춰 주지 않으면 다투기
일쑤입니다. 사람의 마음은 제각기 다르므로 갈등은 일어나기 마
련입니다.

　　소희 씨는 남편 병국 씨와 결혼한 것을 후회합니다. 결혼 전
에는 병국 씨의 배려와 마음의 여유가 넘치는 푸근한 모습에 사랑

했습니다. 그런데 결혼하고 나니 병국 씨의 굼뜬 행동, 수동적인 생활 방식이 소희 씨와 맞지 않았습니다. 저녁 외식을 할 때, 소희 씨는 맛집을 핸드폰으로 검색하고 가게 위치를 미리 찾아 둡니다. 그런데 병국 씨는 식사하러 가기 전까지 만사태평이고, 차로 이동하면서 그제야 음식점을 찾아보고는 했습니다.

차를 타고 이동할 때 소희 씨는 라디오를 듣고 싶은데, 병국 씨는 팝송을 듣기를 원했습니다. 소희 씨는 평소 말이 없는 편이어서 필요한 몇 마디만 하고 쉬고 싶은데, 병국 씨는 소희 씨에게 소소한 일상부터 뉴스거리까지 물어보며 대화하려 했습니다. 그럴 때 소희 씨는 병국 씨에게 피곤하니 그만 이야기하자며 화를 내고 방으로 들어가 버렸다고 합니다.

위 사례에서 소희 씨와 병국 씨는 서로의 생각과 생활 방식이 다를 수 있음을 잊었는지 모릅니다. 사람마다 각자 좋아하는 음악이 다르고 음식점을 찾아가는 방법도 다릅니다. 서로의 차이를 이해하지 못해 친구, 가족, 동료 간에 크고 작은 오해로 갈등을 불러옵니다. 사소한 일로 싸우고 화를 내며 헤어짐을 다짐하는 사람도 많습니다. 자신과 의견이 조금만 달라도 적대시하고 대화를 단절하는 사람도 있습니다.

편견과 오해가 불러오는 불편

서로의 차이, 다름을 인정하지 못하고 자신만의 방식을 고집하면 어떻게 될까요? 편견 속에서 대화와 소통이 어려워지고, 헤어짐은 쉬워지겠습니다. 자신만의 방식을 고집하는 사람은 자신과 다른 낯선 방식을 가진 사람을 보면 경계하고 분노합니다. 익숙하지 않은 것을 경계하고 방어하는 것은 동물적 본능입니다. 생존하기 위해 낯선 것을 적으로 여기고 민감하게 반응하는 것입니다. 그렇지만 사람이 동물과 다른 점은 서로의 차이를 이해하고 받아들일 수 있다는 점입니다.

성숙한 사람일수록 자기 방식을 주장하기보다는 상대방의 방식을 수용할 줄 압니다. 우리가 사는 세상에서 인종, 문화, 성별, 종교, 학벌 등에 대한 편견을 종종 찾아볼 수 있습니다. 같은 고향, 학교, 부서 사람은 집단으로 뭉치고 그 집단에서 제외된 사람은 배척하거나 경계하려는 경향이 강합니다. 이러한 문화는 다양성을 인정하지 못하기 때문에 나타납니다.

나와 같은 집단에 소속되지 않은 사람의 말은 듣고 싶지 않기에, 자신 주장만 고집합니다. 과거에 의사와 약사가 대체 조제를 놓고 갈등을 빚은 사건이 있었습니다. 자신의 주장이 관철되기만을 바라고, 서로를 비방하고 이해하지 않았습니다. 서로의 차이를 인정하지 않았기 때문에 벌어진 일입니다.

결혼 생활에 비춰 보면 시어머니는 며느리가 자신의 의견에 순종하기를 원하지만, 반대로 며느리 의견은 받아들이지 않는 사례가 그렇습니다. 내담자였던 성미 씨는 임신 중이었을 때 시어머니에게 태아에게 좋지 않으니 조미료를 음식에 넣지 말아 달라고 말씀드렸습니다. 그러나 시어머니는 성미 씨의 말을 무시하고 당신의 방식을 고수했다고 합니다.

자신의 의견이 받아들여지지 않고 무시당한다고 생각하면 마음이 불편합니다. 어떠한 논리로든 자신의 주장을 펴서 의견을 관철하고 싶은 것이 사람 마음입니다. 끝까지 물러서지 않고 하고 싶은 말을 쏟아내고야 맙니다. 자신이 할 말을 다 하지 못하면 게임에서 실패한 것처럼 느껴지기 때문입니다.

상대방의 의견을 듣고 대화하는 일에 성공과 실패의 논리를 적용할 수는 없습니다. 상대방이 당신과 생각이 다를 수 있고, 당신의 마음을 헤아리지 못할 수 있다는 점을 아는 것이 중요합니다.

자신이 어느 시간에 고착되어 있는지 파악하기

자신만의 특정한 삶의 방식을 고수하는 것은 어린 시절 심리적 발달단계에서 특정 단계에 고착(Fixation)됨으로 인해 일정 지점에서 성장이 멈춰 버린 결과로 설명될 수 있습니다. 고착은 다음 발달단계로 나아가는 것이 불안하여 현 단계에 머무르는 것을 말합니다.

프로이트가 제안한 심리적 발달단계를 잘 극복한 사람은 일과 사랑에 충실히 임할 수 있습니다. 발달단계의 한 단계에서 다음 단계로의 진행에 방해를 받으면 특정 단계에 고착되어 생각이 굳어집니다. 고착은 발달단계에서 욕구를 과소충족하거나 과잉충족한 그 단계에서 일어납니다.

예를 들어, 구강기(0~1세)에는 입술 또는 입 부위에 자극을 받고 수유로 어머니와 애착을 형성합니다. 이 단계에 고착되면 욕구가 과잉충족된 사람은 타인에게 의존하려는 성향이 강하고 수동적입니다. 반면에 욕구가 과소충족된 사람은 거칠고 공격적인 성격을 보입니다.

항문기(1~3세)에 배변 훈련이 시작되는데, 부모의 간섭이 싫어 더 지저분하게 하여 반항하는 항문 공격적 성격과 변을 방출하지 않고 부모를 애태우는 항문 보유적 성격으로 나누어 볼 수 있습니다. 항문 공격적 성격은 욕구가 과잉충족된 경우로 기분에 따라 사치와 낭비를 일삼고, 반항적이며 공격적이고 무절제함을 보입니다. 항문 보유적 성격은 욕구가 과소충족된 경우로 매사에 빈틈이 없고 질투와 의심이 많습니다. 까칠하고 강박적인 성격으로 타인과 연락이 잠시만 되지 않아도 짜증을 냅니다.

엄마의 감정 연습 •

항문기 다음 단계인 남근기(3~6세)에 고착된 사람은 성취욕이 강해서 일 중심적이며 사회적으로 성공하는 경우가 많습니다. 남근기 단계를 성공적으로 극복한 사람은 일도 사랑도 멋지게 일구어 나갑니다.

어린 시절, 엄마의 부재로 아빠 곁에서 성장한 아이는 어른이 된 뒤에도 엄마의 애정을 갈구합니다. 여자 상사와 일할 경우, 무의식적으로 상사를 엄마로 느껴 혼란스러운 감정을 경험하게 됩니다. 상사에게 신뢰와 믿음을 받지 못하면 어린 시절의 사랑받지 못했던 고통이 되살아나 마음이 괴로워지기도 합니다. 여자 상사와의 갈등 관계를 자주 경험하는 경우 어린 시절 엄마와의 관계에서 원인을 찾아야 합니다.

부모님이 학업 성적을 비교하며 공부를 잘하는 언니에게만 애정을 준다면 그 동생은 공부에 집착하게 됩니다. 사람을 볼 때 올바른 잣대를 가지지 못하고 학업 성적에 따라 사람의 가치를 매기는 데 집착하게 됩니다. 자신이 어떤 부분에 고착되어 있는지 되돌아보면 어느 순간 자기 방식을 고수하게 된 원인을 찾을 수 있습니다.

과거의 삶을 회상하며 성찰해 봅시다. 자신에 대한 통찰을 통해 유연한 생각과 태도를 보이는 일은 이웃과 소통을 원활하게 합니다. 아이를 강하게 키워야 한다는 생각에 고착되어 있으면 실제로 훈육할 때 감정을 헤아리지 않아 아이의 마음에 상처를 줄 수 있습니다. 아이가 심리적인 고통을 받을 때도 상처를 눈치 채지 못하고 무감각해집니다. 이렇게 성장한 아이는 자신의 아이에게 똑같이 상처를 대물림합니다.

자신을 자유롭게 하기 위해서는 편협한 마음을 비우고 아량 넓은 마음가짐을 가져야 합니다. 이를 위해 다양한 경험을 해 보는 것이 도움이 됩니다. 세계 여행을 한다든지 여러 사람을 만나는 경험을 해 봄으로써 다채로운 감정을 이해할 수 있습니다.

자기만의 방식을 고수하며 주위 사람들에게 잔소리를 하거나 독선적인 태도를 보이는 사람을 주위에서 볼 수 있습니다. 서로의 차이를 인정하지 못하면 부드럽고 따뜻한 말 대신 상처 주는 말만 되받게 됩니다. 다름을 인정하고 차이를 받아들이는 것이 진정한 사랑입니다. 서로의 차이를 인정하면 이 세상의 갈등과 다툼은 현저히 줄어들 것입니다.

가족 사이에도 필요한
심리적 안정 거리

    사람들은 수지 씨에게 남편과 결혼을 잘 했다고 말합니다. "너희 남편은 너를 정말 잘 챙겨 주는 것 같아. 외출하고 집에 들어갈 때도 차로 마중 나오고, 직장에 있을 때도 수시로 전화해서 챙겨 주잖아. 그런 남자가 또 어디 있니?"라며 부러워합니다. 그런데 정작 수지 씨는 남편의 이런 행동이 갑갑하고 숨 막힐 때가 많습니다.

    남편은 평일에도 주말에도 항상 수지 씨의 곁을 맴돌며, "핸드폰에 뭐 재밌는 거 있어? 나도 같이 봐."라고 말하거나 "아이랑 셋이 산책 갈까?"라며 모든 것을 같이 하기를 원합니다. 남편은 외출하여 길을 걸을 때면 아내가 다른 남자에게 눈길을 주는지 힐끔힐끔 살펴보며 "바람피우기만 해 봐. 절대 가만 안 둘 거야."라며 수지 씨가 다른 곳에 마음을 둘까 봐 불안해합니다.

사람마다 편안함을 느끼는 심리적 거리는 다릅니다. 부부가 서로 느끼는 심리적 거리 또한 마찬가지입니다. 수지 씨는 남편이 자신에게 과잉 친절을 베풀고 자신의 행동에 수시로 관심을 보이는 것이 부담스럽습니다.

혼자 기억하고 싶은 과거나 숨기고 싶은 감정까지 말해 달라고 조르는 사람, 사랑하는 사이라고 같은 감정을 느끼기를 원하는 사람, 과잉 친절을 베푸는 사람은 자신과 타인의 편안한 심리적 거리를 만들지 못한 사람입니다. 이런 사람은 자신과 상대를 구분 짓는 경계가 불분명하여 이를 종종 침범합니다. 또 일방적으로 행동하여 상대를 불편하게 만들고 서로 간에 대등한 관계를 만들지 못합니다. 이런 사람은 관계에서 적당한 거리를 유지하지 못하고 타인과 너무 밀착되거나 멀어짐으로써 불편해지거나 외로움을 느낍니다.

관계에 대해 느끼는 감정은 사람마다 차이가 있습니다. 어떤 사람은 누군가가 너무 가까이 다가오면 마음이 부담스러워지는데, 또 어떤 사람은 별 불편함을 느끼지 못합니다. 친구가 당신과 거리를 두면 왠지 마음이 허전하고 쓸쓸한 사람이 있는 반면에,

엄마의 감정 연습 •

누군가는 그것이 더 편하다고 느낍니다. 이는 사람마다 '바운더리
(Boundary)'가 달라서 나타나는 현상입니다.

타인과 나를 보호하는 경계, 바운더리

'바운더리'란 자신과 타인 사이의 경계를 말합니다. '나의 책',
'너의 집'처럼 누구의 것인지 규정짓는 일은 소유의 경계가 있으므
로 가능합니다. 누군가 당신의 물건을 가져가 돌려주지 않는다면
화가 나듯이 타인이 자신의 경계를 과하게 침범할 경우 일상생활
에서 문제가 생깁니다.

어떤 일에 대해 드는 감정과 생각에 대해서 '나'와 '타인'의 것
을 명확히 구분하는 것은 건강하고 적응적인 바운더리 속에서 가
능합니다. 바운더리가 모호한 사람은 자신과 타인의 감정을 구분
하지 못하고, 자신의 감정을 타인의 감정인 양 착각해서 상대방의
경계를 침범하기도 합니다.

바운더리는 감정과 생각을 표현하는 일에도 영향을 미칩니
다. 건강한 바운더리를 가진 사람은 마음속과 겉으로 드러나는 감
정, 생각이 일치합니다. 타인에게 화나는 감정을 느끼면서도 겉으
로는 행복한 척 활달하게 웃는 일은 마음속과 겉으로 표현되는 감
정이 달라서 벌어지는 일입니다.

바운더리는 권리와도 관련됩니다. 바운더리가 건강한 사람은 타인의 권리를 침범하지 않으며, 누가 자신의 권리를 침해할 때 적절한 대처 반응을 보입니다. 이들은 상대방의 권리와 결정권을 존중할 줄 아는 사람입니다.

바운더리는 사람 간의 사회적 거리에도 영향을 미칩니다. 타인이 가까이 다가오면 부담을 느끼는 사람이 있는가 하면, 반대로 타인이 가까이 있어야 안전감을 느끼는 사람도 있습니다. 이는 바운더리가 경직되었는지, 모호한지에 따라 관계에서 보이는 패턴이 달라지는 것입니다.

성장기인 어린 시절에는 바운더리가 아직 완전하지 않아 부모나 주위 환경의 영향을 그대로 받지만, 자아가 견고해지는 성인기부터는 형성된 바운더리에 의해 주위 관계가 결정됩니다. 이러한 바운더리는 개인이 느끼는 안전감, 바람, 욕구에 따라 자연스럽게 형성됩니다.

그럼, 이러한 '모호한 바운더리(Vague boundary)'와 '경직된 바운더리(Rigid boundary)'는 어떤 특징을 보일까요? 바운더리가 모호한 사람은 자신과 타인을 분리하지 못해서 타인의 일을 자기 일인 양 깊게 관여합니다. 이들은 타인의 권리를 침해해 이래라저래라 간섭합니다. 시어머니가 결혼한 아들의 이사할 집을 자신의 기호에 맞춰 구하거나 며느리의 육아에 일일이 참견하고 관여하는 일은 바운더리가 모호한 경우 나타납니다. 이들은 대화를 나눌 때 타인이 불편할 정도로 가까이 앉거나 과도하게 많은 말을 하려 듭니다.

또 반대로, 바운더리가 모호한 사람은 상대의 요구를 모두 수용하기도 합니다. 그래서 타인이 자신의 삶에 과하게 관여해도 내버려 두며, 자신의 권리가 침해되어도 그대로 방치합니다. 앞의 사례에서 수지 씨의 남편처럼 과잉 친절을 베푸는 사람, 타인과 경계가 없는 사람은 바운더리가 모호한 사람에 속합니다. 이들은 자신보다는 외부에 초점을 맞추고 살며, 타인의 감정에 자주 휩쓸립니다. 자신이 무엇을 원하는지 모르는 경우가 많습니다. 남편의 과한 요구를 거절하지 못해 남편이 원하는 옷을 입고, 주관 없이 남편이 바라는 대로 무조건 따르는 아내라면 바운더리가 모호한 사람에 해당합니다.

바운더리가 경직된 사람은 타인으로부터 자신을 지키기 위해 철저하게 방어합니다. 타인을 위협적인 존재로 느끼며, 신뢰하지 못하는 경향이 있습니다. 그래서 타인과 거리를 두며 자신을 고립시키고 타인과 분리합니다. 혼자만의 세계 속에서 자신의 감정과 생각에 몰두하여 타인의 입장을 수용하지 못하는 경향이 강합니다. 이런 사람은 고집스럽고 친절하지 않은 사람, 자신의 주장을 굽히지 않는 사람으로 비칩니다. 독선적으로 보일 경우가 많아, 사람들에게 사랑받기 어렵습니다. 아내의 의견을 수용하기보다는 자신의 의견만 고수하는 남편이 있다면 이에 해당됩니다.

우리를 지키는 건강한 바운더리

자신의 바운더리를 확인할 수 있는 간단한 방법이 있습니다. 먼저, 두 사람이 2미터 내외 정도의 거리를 두고 마주 보며 서 봅시다. 한 사람이 천천히 상대방 쪽으로 한 걸음 다가간 뒤 잠시 멈춥니다. 이때 상대방이 느끼는 감정, 생각, 몸의 반응은 어떠한지 구체적으로 말합니다. 예를 들어 "그가 한 걸음 다가오니 마음이 부담스럽고 긴장돼요. 심장이 뛰면서 불안하고 불편해지네요."와 같이 반응하거나 "한 걸음 다가오니 기분이 좋아지네요. 그가 다가올수록 기쁘고 행복해요. 어깨가 가볍고 즐거워 웃음이 나네요."라고 말할 수 있습니다.

한 걸음 다가온 것에 대해 상대방이 불편함을 느낄 경우, 반 걸음 뒤로 물러난 뒤 잠시 멈춰 서 봅시다. 이때 상대방은 어떤 감정, 생각, 몸의 반응을 느끼는지 다시 말로 표현해 봅시다. 다가왔을 때 불편함이 없다면 다시 한 걸음 나아가 그때 상대방이 느끼는 감정, 생각, 몸의 반응을 살펴봅시다. 이렇게 한 사람은 한 걸음 또는 반 걸음씩 상대방을 향해 천천히 다가가 보고, 다른 한 사람은 느껴지는 감각을 말로 표현해 봅시다.

편안한 심리적 거리는 타인이 다가왔을 때 불편함을 느끼지

　　　　　　　　　　　　　　　엄마의 감정 연습 •

않는 거리입니다. 바운더리가 경직된 사람은 상대방과 멀리 떨어져 있을 때 편안함을 느끼고 가까이 다가오면 불편함을 느낍니다. 바운더리가 모호한 사람은 상대방이 아주 가까이 다가와도 별 불편함을 느끼지 않습니다. 이렇게 자신의 바운더리를 확인해 보면 바운더리가 경직된 사람과 모호한 사람을 대략 구분할 수 있습니다.

바운더리는 당신을 위험에서 보호하는 역할을 합니다. 또 당신이 타인의 경계를 침해하는 일을 막아 타인을 보호합니다. 타인이 당신의 권리나 역할을 침해했다면 당신의 영역을 지키기 위해 방어하거나 적절한 대처를 하려 할 것입니다. 이는 건강하고 '적응적인 바운더리(Adaptive boundary)'를 통해 가능해집니다.

적응적인 바운더리는 나와 타인을 구분 짓고, 건강한 관계를 만드는 데 도움을 줍니다. 서로 간의 적절한 교류를 통해 소외와 외로움에서 벗어날 수 있게 합니다. 자신의 주장만 고집하는 것이 아니라 상황에 따른 유연성을 발휘할 수 있는 일은 건강한 바운더리 속에서 가능합니다. 사람은 자신이 처한 상황에 따라 받아들이고 거절하는 것, 그 밖의 다양한 선택을 할 수 있어야 합니다. 친밀한 관계인지, 불신하는 관계인지에 따라 나와 타인의 바운더리는 좁혀질 수도, 넓혀질 수도 있습니다. 처음에는 못마땅한 상대라서 거리를 두었지만, 알고 보니 괜찮은 사람이라면 거리를 유연하게 좁힐 수 있어야 합니다.

어린 시절의 애착 관계는 바운더리를 형성하는 데 많은 영향을 주지만, 성장하면서 다양한 관계를 맺음에 따라 바운더리는 모호해질 수도, 경직될 수도 있습니다. 바운더리의 영향으로 매번 관계의 문제가 생긴다면 자신을 되돌아보며 성찰하는 시간을 가질 필요가 있습니다. 문제가 무엇 때문에, 어떻게 나타나는지 알아야 변할 수 있습니다. 이렇게 문제를 인식하면 자신을 정확히 이해할 수 있습니다.

자신을 이해하는 사람은 자신과 타인을 구분할 줄 알고, 타인의 영역에서 고민하는 것이 아닌 자신의 영역에서 최선을 다하는 삶을 삽니다. 관계를 바꾸기 위해서는 변화시킬 수 없는 상대가 아니라 자신의 변화에 초점을 맞추어야 합니다. 건강한 바운더리로 변화하기 위해 자신을 이해하고 스스로 행동을 바꾸려는 절실한 노력이 필요합니다. 변화를 시도하면 항상 저항에 부딪히게 마련인데, 이에 맞설 굳건한 의지도 갖추어야 합니다.

바운더리가 모호하다면 자신과 타인을 구분 짓는 노력을 해야 하고, 바운더리가 경직되었다면 자신과 타인이 친밀해지고 신뢰할 수 있는 관계로 변화할 수 있는 훈련을 해야 합니다.

의견을 표현하느냐, 하지 않느냐는 당신이 결정할 수 있습니다. 바운더리가 모호할 경우 다른 사람에게 의견을 말하는 일, 특히

엄마의 감정 연습 •

반대 의견을 제시하는 것에 부담을 느낍니다. 거절을 못 하는 사람은 타인의 의견에 따르지 않으면 그에게 미안해하고 죄책감을 느낍니다. 가장 중요한 것은 자신의 감정, 생각, 반응을 적절하게 상대에게 표현하여 전달하는 것입니다. 타인이 불편할까 봐 거절을 못 하는 사람도 자신의 감정과 생각을 상대방에게 솔직하게 표현하는 것이 추후 관계를 위해서 더 도움이 된다는 것을 언젠가는 깨달을 것입니다.

바운더리가 건강하지 않은 사람은 타인에게 허용하는 한계선이 모호하거나 경직되어 있습니다. 이들은 최소한 지켜야 할 기준선을 침해하여 자신의 잘못을 타인의 책임으로 떠넘기거나 반대로 타인의 책임을 자신이 떠안습니다. 또는 한계선이 너무 경직되어 상대방의 말에 대부분 거절 반응을 보입니다.

친밀한 사이라 하더라도 넘어서는 안 될 선은 정해야 건강한 관계가 유지됩니다. '아이에게 화나는 감정은 표현할 수 있지만, 신체적인 폭력은 행사하지 않는다.'거나 '아이가 스마트폰을 하려 할 때, 밀린 과제부터 한 후 사용하게 한다.'처럼 한계선을 정한 뒤에 상황에 맞추어 유연하게 반응하는 것이 건강한 관계를 위한 출발점입니다.

바운더리로 자신을 안전하게 보호하는 일은 자신을 사랑할 수 있는 방법 중 하나입니다. 바운더리가 모호하거나 경직된 상태

에서는 자신을 돌보지 못한 채 타인만을 위한 삶을 살거나 자기가
만든 고립된 틀에 갇혀 살게 됩니다. 건강한 관계도 맺을 수 없습
니다. 건강한 바운더리는 건강한 관계를 만들고 건강한 삶을 유지
하는 토대가 됩니다. 나의 삶을 스스로 결정하고 내 욕구를 정확히
표현할 줄 아는 것, 더불어 상황에 따라 유연한 반응을 보이는 것은
건강한 바운더리 속에서 가능합니다.

시련에
대처하는 자세

영미 씨는 3년 전 남편이 진 빚 문제로 이혼하고 두 아이를 홀로 키우는 싱글맘입니다. 영미 씨는 우울증을 앓았으며, 아이들을 키우는 일이 버거웠습니다. 유치원에 다니는 아이들을 돌봐 줄 사람이 없어서 일할 수가 없었고, 정부에서 지원해 주는 생계자금으로 겨우 살아나갔습니다. 아이들이 앵앵거리는 울음소리가 너무 듣기 싫어 아이들에게 심하게 화를 내고 욕설을 퍼부었습니다. 감정 기복이 심해 아이들에게 화를 낸 뒤 심한 죄책감에 시달리고는 했습니다.

상담실에 찾아 온 영미 씨는 "어린 시절에 고생이란 고생은

다 하면서 컸는데, 어른이 되고도 제 인생은 왜 이렇게 힘들까요?"
라고 울먹였습니다.

영미 씨는 어린 시절 어머니가 일찍 암으로 세상을 떠나서
아버지와 동생과 살았습니다. 아버지는 평소에는 멀쩡하다가 술만
마시고 오면 영미 씨와 동생을 아무 이유 없이 때렸습니다. 영미 씨
는 아버지가 술을 마시고 귀가할 때마다 너무 무서워서 불을 끄고
일부러 자는 척을 했습니다. 그녀는 가정에서 어머니의 역할을 대
신해야 했습니다. 항상 밥과 반찬을 만들어 가족의 식사를 준비했
습니다. 가끔 저녁 반찬으로 생선구이를 했을 때 생선이 덜 익기라
도 하면 아버지가 밥숟가락을 던지고 화를 내며 방으로 들어갔습
니다.

영미 씨는 아버지와 함께 사는 것이 힘들어 집을 도망치듯
빠져나와 아버지와 연락을 끊고 살았습니다. 애정에 굶주리며 서
울에서 혼자 살다가, 한 남자를 만났습니다. 그와 결혼하면 마냥 행
복할 것 같았지만 결혼하고 나니 매일이 싸움의 연속이었습니다.
남편은 마땅한 직업이 없어서 돈벌이가 일정치 않았으나 씀씀이는
커서 부채는 날로 늘어만 갔습니다. 사채업자가 찾아왔고 빚 문제
로 부부 사이에서 다툼이 커지자 남편은 영미 씨에게 욕설과 손찌
검도 서슴지 않았습니다. 끝내는 남편이 빚쟁이에게 쫓겨 다니는
신세가 되었고, 영미 씨는 헤어짐을 택했습니다.

엄마의 감정 연습 •

영미 씨는 그렇게 아프고 힘겨운 인생을 살아 왔습니다. 어떻게든 살아보려고 애썼지만, 그녀의 눈에는 눈물이 마를 날이 없었습니다. 어머니가 암으로 아프기 전에 영미 씨를 업고 자장가를 불러 주시고는 했는데, 지금도 가끔 그런 어머니가 몹시 그립다고 합니다.

불행한 일은 누구에게든 가리지 않고 몰려옵니다. 어떤 사람은 역경 속에서 고통을 극복하지 못하고 불행에 휩싸입니다. 고난이 닥쳤을 때, 고통을 맛보고 '죽고 싶다.'라는 생각을 하며 삶을 포기하고 인생의 바닥까지 추락하기도 합니다. 반면에 어떤 사람은 역경을 이겨 내고 어려움을 극복해 자신만의 인생을 꾸려 갑니다.

불행을 반복하지 않는 힘, 회복탄력성

힘든 환경 속에서 슬픔, 우울, 불안, 분노를 견뎌 낼 수 있는 힘은 '회복탄력성(Resilience)'에서 나옵니다. 회복탄력성은 위기와 역경 속에서 적절하게 대처하여 평정심을 되찾을 수 있는 능력을 말합니다. 즉, 역경을 기회 삼아 헤쳐 나가는 긍정적 힘을 의미합니다.

회복탄력성은 누구나 가지고 태어나는 능력이지만, 주위 환경이나 노력 여하에 따라 그 능력을 더 키울 수 있습니다. 인내하며 꾸준히 회복탄력성을 키우려고 노력한다면 단단하고 견고한 자아를 가져 웬만큼 불행한 일에는 흔들리지 않습니다.

아이 셋을 홀로 키우는 싱글맘 현아 씨는 세무사 시험에 합격했습니다. 그녀는 세무사 사무실을 차리고 얼굴에 웃음꽃이 피었습니다. 평소에 컴퓨터를 많이 다뤄 보지 않아 컴퓨터로 문서 작업을 하는 일이 힘들지만, 주말에도 출근해서 업무를 배우려는 열정을 보였습니다.

그녀는 세무사가 되기 위해 7년 가까이 학원에 다니며 공부에 매진했습니다. 새벽 6시에 일어나 아이들 밥을 차려 주고 매일 9시간 이상 공부했습니다. 저녁에는 요가를 하며 지친 몸과 마음을 달랬습니다. 시험 일주일 전에는 너무 불안한 나머지 심장박동이 빨라지고 신경과민 증세가 나타났지만, 아이들이 엄마는 꼭 합격할 수 있을 것이라며 용기를 북돋아 주었습니다. 1차 시험에 합격하고, 2차 시험에서 계속 낙방했지만, 현아 씨는 희망의 끈을 놓지 않았습니다.

현아 씨는 고등학교를 졸업하고 남편과 결혼했지만, 몇 년 뒤 교통사고로 남편과 사별했습니다. 홀로 아이를 키워 오면서 견디기 힘든 아픔도 많았지만, 그녀는 웃음을 잃지 않았습니다. 삶이 힘들었지만, 주위 사람들에 대한 배려는 남달랐습니다. 김장을 한 날이면 홀로 계신 어르신에게 김장 김치를 보내는 등 주위 사람들에게 자신이 베풀 수 있는 사랑을 나누려 애썼습니다. 동네 이웃들

엄마의 감정 연습 •

은 현아 씨가 진심으로 잘되길 바랐습니다.

현아 씨는 어려운 삶을 비관하지 않고 희망을 품으며 꿋꿋이 살았습니다. 경제적으로 여유가 없었지만 이웃에게 봉사와 선행을 몸소 실천했습니다. 그러한 그녀에게 하늘도 감동했는지 세무사 시험에 합격하는 영광을 안겨 주었습니다.

역경 속에서도 오뚝이처럼 다시 일어설 수 있는 능력은 회복 탄력성에서 나옵니다. 회복탄력성은 긍정성, 사회적 지지, 유연한 사고를 통해 키울 수 있습니다. 현아 씨는 삶에 대한 긍정성을 통해 역경을 이겨 낼 수 있었습니다. 그녀는 세무사가 되겠다는 삶의 목표를 가지고 어려움을 끈기 있게 견뎠습니다. 고통스럽지만 희망을 품고 삶의 의미를 찾아간다면 역경을 극복하고 행복한 삶을 살 수 있습니다.

또 당신을 믿어 주고 지지해 주는 사람이 있다면 역경을 쉽게 이겨 낼 수 있습니다. 힘든 일을 묵묵히 들어 주고 공감해 주는 가족이나 친구가 있다면 마음의 안정은 쉽게 찾아옵니다. 상대방이 자신을 이해하고 감정을 헤아려 준다면 마음의 힘이 생겨 가슴 속 웅어리진 실타래가 풀립니다. 혼자 길을 갈 때는 외롭고 힘들지만, 함께 갈 때는 고단하지 않고 여유롭게 갈 수 있습니다.

더불어, 괴로운 일에 너무 몰입하지 않고 적당히 관망하는 자세를 유지할 것을 권합니다. 사물을 볼 때, 어느 정도 거리를 두고 보아야 전체를 명확히 볼 수 있습니다. 우리의 생각도 한 군데에 몰두하면 전체를 보지 못하여 바람직한 해결책을 찾기 어렵습니다. 다방면으로 생각해 보는 유연함이 회복탄력성을 높입니다.

시련에 대처하는 올바른 마음가짐

수학 문제는 정답이 있지만, 인생에는 정답이 없습니다. 누군가는 편안한 가정에서 사랑받으며 크고 성인이 된 뒤에도 부모 밑에서 힘든 일 없이 평탄한 삶을 삽니다. 어떤 사람은 불우한 환경에서 경제적인 문제로 학교를 제대로 다니지 못하고 사회생활에 뛰어들지만, 사업의 실패, 건강 악화 등으로 지속적인 불행을 겪습니다. 착하고 성실하게 산다고 해서 행복이 보장되는 것이 아니며 악하고 게으르게 산다고 하더라도 남들이 부러워할 만한 인생을 살 수도 있습니다.

인생에 너무 큰 기대를 하지 않는 편이 좋습니다. 모든 일이 원하는 대로 이루어지면 좋겠지만 이루어지지 않는다고 하더라도 크게 낙심하지 않기를 바랍니다. 누구나 아름다운 꽃길을 걷기를 바라지만 인생을 살다 보면 대부분이 가시밭길입니다. 몸과 마음이 상처투성이인 사람이 대다수입니다. 누구나 시련을 겪지만, 그

역경에 어떤 식으로 대응하는가에 따라서 인생이 확연히 달라짐을 잊지 마십시오.

맹자의 천강대임론(天降大任論)에 따르면, 하늘은 큰일을 맡길 자에게 반드시 시련과 역경을 주어 시험해 본다고 합니다. 선천적인 환경이나 재능을 바꿀 수는 없지만, 고난을 이겨 내고 상처에서 회복되어 성장하는 일은 노력으로 가능합니다. 끈기와 인내로 시련을 이겨 낸 사람은 폭넓은 사고력과 냉철한 판단력을 가지며 위대한 리더로도 성장할 수 있습니다. 성공한 사람은 역경을 삶의 한 부분이라 생각하며 피하지 않습니다. 아픔을 이겨 낸 사람은 불행한 일에 휘둘리지 않습니다. 시련은 우리를 더 성장하게 만드는 원동력과 같으니 기꺼이 맞이하길 바랍니다.

Check! ～～～～～～～～～～～～～～～～～～～～～～～～～

엄마의 감정 연습 첫째. **감정에 휘둘리지 않는 5가지 방법**

① 분리불안을 깨고 독립하기

- 다 큰 딸로서 엄마로부터, 엄마로서 내 아이에게 느끼는 분리불안에서 벗어나고 싶다면, 새로운 인생 시나리오를 만들어 보자. 엄마를 위한 삶, 아이를 위한 삶이 아닌 오롯이 나를 위한 삶을 만들자.
- 엄마와 아이의 심리적 독립은 배우자와 건강한 관계를 맺을 때 가능하다. 부부가 소소한 대화로 서로를 이해하고 사랑하는 일은 온 가족이 함께 건강하게 살아 나갈 수 있는 최고의 방법이다.

② 불행을 되풀이하려는 습성 깨기

- 불행한 관계를 현실에서 반복할 때는 과거를 곰곰이 되짚어 본다. 어떤 상처로 인해 과거의 불행을 되풀이하고 있는지 알아차리자. 가까운 사람에게 공감받고 이해받는 과정을 되풀이하면서 엉킨 감정의 실타래를 풀자.

③ 주체적인 아내가 되기

- 남편에 대한 큰 기대를 하지 않는다. 남편의 모습을 있는 그대로

받아들이고 어디에도 없는 사랑의 환상, 허상에서 벗어난다.

- 남편과 적당한 거리를 유지한다. 심적으로 너무 가까워도, 너무 멀어져도 좋은 관계를 유지하기 어렵다. 적절한 마음의 거리를 두고 존중할 때 오랫동안 안정된 결혼 생활을 유지할 수 있다.
- 상대방의 행동을 이해해 보려는 마음가짐을 가진다. 안정된 마음으로 대화를 나누며 상대방에게 원하는 것이 있다면 부드러운 음성과 따뜻한 미소로 대한다.
- 자기계발을 한다. 결혼 후에도 삶의 목표를 세우고 멋지게 살자. 자신을 가꾸고 성장하기 위해 노력한다면 새로운 자신과 만날 수 있다.

④ 명확한 바운더리 만들기

- 두 사람이 2미터 내외 정도의 거리를 두고 마주 선다. 한 사람이 천천히 상대방 쪽으로 한 걸음 다가간 뒤 멈춘다. 이때 다른 사람은 느끼는 감정, 생각, 몸의 반응이 어떠한지 구체적으로 말한다.
- 상대방이 불편함을 느낄 경우, 반 걸음 뒤로 물러나 본다. 이때 상대방은 어떤 감정, 생각, 몸의 반응을 느끼는지 다시 말로 표현한다. 불편함이 없다고 한다면 다시 한 걸음 나아가 상대방을 살펴본다.
- 상대방이 마음의 문을 닫고 말하지 않는다면, 조급해하지 않고

마음을 열 때까지 기다린다.

⑤ 회복탄력성 키우기

- 회복탄력성은 긍정성, 사회적 지지, 유연한 사고를 통해 가능하다. 삶의 목표를 가지고 어려움을 끈기 있게 견뎌라. 고통스럽지만 희망을 품고 삶의 의미를 찾아간다면 역경을 극복하고 행복한 삶을 살 수 있다.
- 믿고 지지해 주는 사람을 만들자. 힘든 일을 묵묵히 들어 주고 공감해 주는 가족이나 친구가 있다면 마음의 안정은 쉽게 찾아온다.
- 괴로운 일에 너무 몰입하지 않고 적당히 관망하는 자세를 유지하자. 사물을 볼 때, 어느 정도 거리를 두고 보아야 전체를 명확히 볼 수 있다. 생각을 다방면으로 해 보면 회복탄력성이 높아진다.

Chapter 2.

불안한 감정은
어디에서 오는 것일까

- 아이와 엄마의 애착 형성에 대하여

불안의 근원지는
애착에 있다

갓 태어난 아이는 본능적으로 자신을 위험에서 보호해 줄 만한 사람의 냄새, 목소리, 눈빛을 쫓습니다. 아이는 자신을 지켜 줄 양육자인 엄마와 애착 관계를 형성하여 외부의 위험과 불안한 상황에서 자신을 보호하려 애씁니다.

영국의 정신과 의사 존 보울비(John Bowlby)는 애착 이론의 창시자로 '애착'을 부모와 자녀처럼 서로 밀접하고 가까운 사람 사이에서 나타나는 '연속적인 정서적 유대관계'라고 정의했습니다. 그의 이론에 따르면 아이는 생존하기 위해 본능적으로 양육자에게 애착을 형성하여 심리적 안정을 얻습니다. 애착은 아이가 태어나서 만 3세 이전까지 양육자와 관계를 맺으며 형성됩니다. 양육자가 아이를 지속해서 돌보고 세심한 관심을 줌으로써 안정적인 애착이 만들어집니다.

아이는 배고플 때 울어서 엄마의 관심을 불러일으켜 젖을 빨면서 배고픔을 해소합니다. 아이는 울면 엄마의 관심을 받을 수 있다는 사실을 본능적으로 알아차리는 것입니다. 또 아이는 애교스러운 웃음으로 엄마의 사랑을 받을 수 있다는 것을 경험으로 알고, 엄마에게 볼을 비비거나 안기면서 웃습니다. 이렇게 울거나 웃어서 엄마의 관심을 받으려 애쓰는 아이는 애착 본능에 소극적인 아이보다 사랑을 더 받을 수 있고 애착 형성에도 유리합니다. 눈물을 흘리거나 방긋 웃는 아이에게 엄마는 '내가 우리 아이를 지켜 줘야 겠구나.'라는 마음을 가지며 아이의 욕구를 채워 주기 위해 더욱 헌신합니다.

그런데 칭얼거리거나 잘 웃지 않고 혼자 두어도 얌전한 아이들은 애착 본능에 충실한 아이보다 상대적으로 엄마의 관심을 덜 받게 되어 애착 형성이 제대로 이루어지기 어렵습니다. 아기가 얌전하면 엄마의 손이 덜 가서 편할 수는 있겠지만, 엄마와의 신체 접촉과 유대감은 줄어들게 마련입니다. 대개, 혼자 잘 노는 순둥이 아이는 엄마에게 웃음, 울음 등의 애착 행동을 잘 보이지 않아 관심과 사랑을 덜 받게 되는 경우가 많습니다. 이럴 경우, 엄마는 아이

엄마의 감정 연습 •

의 특성을 인지하고, 안정적인 애착 형성을 위해 아픈 곳은 없는지 배고프지는 않은지 아이를 더 예민하게 관찰하고 충분히 스킨십을 해 주도록 노력해야 합니다.

부모와 애착이 잘 형성되어야 건강하게 성장한다

아무리 아이를 낳은 엄마라도 아이를 실제로 키우지 않았거나 바빠서 아이에게 관심을 주지 못했다면 아이와 애착 관계가 형성되기 어렵습니다. 아이가 "배고파요.", "아파요."라는 뜻으로 울부짖을 때 엄마가 빠르게 아이의 요구에 반응해 줄 때 애착 관계가 만들어집니다. 아이가 배고프다고 울 때 "우리 아이가 배가 매우 고프구나! 여기 우유 먹자."라며 아이의 허기를 채우고 따스하게 안는 사람에게서 아이는 '나는 사랑받을 자격이 있어. 내가 힘들 때 나를 도와주는 좋은 사람도 있어. 세상은 살만 하고 믿을 만한 곳이야.'라며 자신과 타인, 세상을 긍정적으로 바라봅니다.

부모에게서 안전감을 느낀 아이는 세상을 새롭고 흥미로 가득한 곳으로 인식하며 타인과 세상과의 접촉을 편안하게 느끼며 성장합니다. 아이는 엄마가 배고플 때 먹여 주고, 아플 때 약을 발라 주고, 추울 때 따스하게 껴안아 주고, 두려움을 느낄 때 팔을 토닥여 주면 세상을 안전한 곳이라고 믿습니다.

아이는 밖에서 상처나 스트레스를 받으면 자신을 보호해 주는 부모에게 의지하며 위로를 받으려 합니다. 엄마가 아이를 토닥여 주며 "괜찮아."라고 말하며 아이를 진정시키면 아이는 다시 안정을 찾습니다. 엄마에게서 안정감을 맛본 아이는 엄마와 잠시 떨어진다 해도 '엄마가 다시 돌아와 나를 반겨 줄 거야.'라고 믿으며 다양한 세상을 경험하며 엄마를 기다립니다.

엄마가 아이에게 세심한 관심과 사랑을 쏟으면 아이의 면역력이 높아지고 신체 발달도 촉진됩니다. 아이는 스트레스를 이겨 내는 힘도 커지고 정서가 안정되며 문제 해결력도 향상합니다. 아이를 정서적·신체적으로 건강하게 키우기 위해서 양육자의 지속적인 관심과 사랑이 왜 필요한지 알게 되는 대목입니다. 또한, 아이에 대한 민감한 사랑과 관심은 안정적인 애착 관계를 만드는 데 도움을 줍니다. 안정적인 애착은 아이의 뇌와 신경계가 제대로 성장할 수 있도록 자극하여 건강하고 성숙한 뇌를 만드는 토대가 됩니다.

애착은 대인관계뿐만 아니라 우울, 불안과 같은 정신 건강과도 깊은 관련이 있습니다. 불안정 애착이 형성되면 스트레스에 대처할 능력이 떨어지고, 우울이나 불안을 자주 느낍니다. 성장한 뒤에 대인관계에서도 계속 문제가 발생합니다. 또 감정을 표현하기 어려운 '감정 표현 불능증'이나 감정 조절이 어려운 문제도 불안정 애착과 연관됩니다.

엄마의 감정 연습 •

애착은 헤어지고 분리되는 과정에도 영향을 미칩니다. 불안정 애착일 경우, 분리되는 것에 대한 불안과 공포가 커서 순조롭게 헤어지지 못하고 상대방에게 집착하는 경우가 많습니다. 연인과 헤어지게 되었을 때 이별을 견디지 못해 밤잠을 설치며 집착하는 사람들이 있습니다. 결혼한 자녀와 심리적으로 분리되지 못하는 부모, 결혼 후 부모 곁을 맴도는 마마보이나 파파걸도 서로에 대해 집착을 보이는 경우입니다. 이들은 결혼 후에 부부나 시댁, 친정 간의 갈등을 겪어 이혼할 가능성이 더 큽니다. 불안정 애착인 사람은 이별을 경험할 때 어린 시절 양육자와 분리되었던 상처가 되살아나 극도로 고통스러워하며 우울과 불안을 느낍니다.

주 양육자와 애착 관계를 형성해야 하는 이유

경미 씨는 원치 않는 혼전임신을 하여 아이를 낳았습니다. 태어난 아이는 딸이었고, 아이 아빠가 딸이라는 이유로 결혼을 차일피일 미루었습니다. 사실 아이 아빠는 그 당시 결혼한 상태였는데, 아이가 생기지 않자 경미 씨를 만나 새로운 가정을 이루려 한 것이었습니다. 아이 아빠가 결혼 여부에 묵묵부답이자, 경미 씨는 아이 아빠에게 아이를 데려가라고 통보하고 아이를 두고 떠나 버렸습니다. 아이 아빠는 아이를 본가에 맡기며 할머니에게 키워 달라고 부탁했습니다.

　아이는 할머니 댁에서 크면서 할머니가 장에 가는 날이면 혼자 집에서 놀아야 했습니다. 아이는 할머니와 떨어질 때 크게 울부짖었지만, 할머니가 장에서 돌아오면 본 척 만 척하며 혼자 장난감을 가지고 놀았습니다. 아이는 이렇듯 태어나자마자 할머니 댁에서 크다가 생후 2년쯤 아버지와 잠시 함께 살다가 1년 뒤 친어머니 밑에서 크게 되었습니다.

　위 사례에서 아이는 만 3세 이전에 양육자가 반복적으로 바뀌는 경험을 했습니다. 만 3세 이전은 애착이 형성되는 중요한 시기이므로 양육자의 변경 또는 분리가 치명적인 영향을 줄 수 있습니다. 양육자가 자주 바뀌면 안정적인 애착이 형성되기 어렵습니다. 아이가 양육자와 분리되어 양육자가 계속 아이 앞에 나타나지 않을 때 아이는 극심한 불안, 공포감에 시달리며 믿었던 사람에 대한 배신감을 느낍니다. 다 큰 성인도 의지하던 친구나 사랑하던 사람이 갑자기 사라지면 큰 충격을 받고 슬퍼하는데, 어린아이는 오죽할까요. 아이는 세상이 무너지는 것과 같은 고통을 혼자 느끼는 것입니다.

　아이는 배신감을 준 양육자가 눈앞에 나타났을 때 아무런 반응을 하지 않거나 거부하는 등의 신경질적인 반응을 보이며 양육

　　　　　엄마의 감정 연습 •

자의 존재 자체를 부정하는 모습을 보입니다. 엄마가 직장을 다닐 경우, 아이는 지금은 어쩔 수 없이 떨어져야 하지만 곧 엄마가 돌아오리라는 것을 알 수 있어야 안정감을 느낄 수 있습니다.

워킹맘이더라도 아이와 안정적인 애착을 얼마든지 형성할 수 있습니다. 애착은 함께 있는 시간의 양이 중요한 것이 아니라서, 짧은 시간이라도 충분히 아이를 안아 주고 교감함으로써 안정적인 애착을 만들 수 있습니다.

대물림되는
엄마의 애착 경험

애착 이론의 어머니인 메리 에인스워스(Mary Ainsworth)는 애착 유형을 '안정형 애착', '회피형 애착', '양가형(불안형) 애착'으로 구분했습니다. 여기에 에인스워스의 제자인 메리 메인(Mary Main)은 '혼란형 애착'을 추가하여 총 4가지 애착 유형으로 구분했습니다.

안정형 애착 외의 회피형 애착, 양가형(불안형) 애착, 혼란형 애착은 불안정 애착 유형에 속합니다. 불안정 애착 유형인 아이는 부모로부터 제대로 사랑받지 못해 상처받고 불안정한 관계 양상을 보입니다. 에인스워스는 '낯선 상황 절차 실험'을 통해 아이의 애착 유형을 설명했습니다. 이 실험은 낯선 방에서 한 살짜리 아이와 엄마가 함께 있다가 아이가 장난감을 가지고 놀 때 엄마가 방을 잠시 나갔을 때 나타나는 아이의 반응을 살펴보는 것입니다.

먼저 첫째, '안정형 애착'은 엄마가 사라지면 잠시 불안해하다가 다시 돌아오면 안정을 되찾고 놀이에 집중하는 모습을 보입니다.

둘째, '회피형 애착'은 엄마가 방에서 사라지든 돌아오든 놀이에만 집중하는 모습을 보입니다. 엄마와 분리될 때 겉으로는 동요하지 않는 듯하지만 심장박동 수는 올라가는 등 신체적으로는 불안한 반응을 보입니다. 아이는 힘들어도 겉으로 표현하지 않고 다른 사람에게 쉽게 의존하지 않는 특성을 보입니다. 또 엄마에게 평소 앙탈을 부리거나 친밀한 행동을 하지 않습니다.

셋째, '양가형 애착'은 엄마가 떠날 때 극심한 불안과 고통을 호소하고 엄마가 돌아와도 불안정한 모습을 보이며 화를 내거나 자신을 안으려 해도 거부하는 양가적인 모습을 보입니다. 이들은 작은 일에도 쉽게 상처받고 실망하며 정서적으로 불안정한 모습을 보입니다.

마지막 넷째, '혼란형 애착'은 엄마가 다시 돌아왔을 때 얼어붙은 것처럼 굳은 표정을 보이거나 멍한 모습을 보이며 당황스러워합니다. 이러한 애착 유형은 신체적·심리적 학대를 당한 아이나 알코올중독 부모 아래에서 성장한 아이에게서 종종 나타납니다.

아이를 물질적으로 풍요롭게 양육했다 하더라도 아이에게 지나친 강요나 통제적인 학대가 있었다면 아이는 부모에게 의지하면서도 공포를 느껴 혼란형 애착이 형성됩니다.

애착 유형에 따른 네 가지 분류

　　미국 캔자스대학의 옴리 길라스(Omri Gillath) 교수와 동료들이 고안한 '성인 애착 척도'에 따르면, 애착 유형에 따라 다음과 같은 애착 상태를 경험한다고 합니다. 각 유형의 문항 중에 가장 자신과 비슷한 점이 많은 유형이 자신의 애착 유형입니다.

　　안정형 애착은 '사람들이 나를 사랑해 준다고 느낀다.', '힘든 일이 있어도 의지할 대상이 있다고 느낀다.', '믿을 만한 사람이 나를 도와줄 것으로 생각하기에 마음이 편안하다.', '사람들이 나를 소중하게 여긴다고 느낀다.', '불행한 일이 생긴다면 누군가에게 의지할 수 있을 것 같다.'라고 표현합니다.

　　회피형 애착은 '외롭지만, 타인과 친밀해지기를 원하지 않는다.', '친한 친구가 생기면 피곤할 것 같다.', '누구라도 나에게 가까이 다가오는 것이 두렵다.', '사람들과 친밀하게 지내는 것에 대해 혼란스러운 감정을 느낀다.', '누군가가 나에게 다가오면 나는 그를 밀어내어 거리를 두려 한다.'와 같은 상태를 경험합니다.

　　　　　　　　　　　　　　　　　　엄마의 감정 연습 •

양가형(불안형) 애착은 '나를 사랑해 주는 사람이 있으면 좋겠다.', '지금 사랑받는 감정을 매우 느끼고 싶다.', '친한 친구가 나에게 지금 다가와 줬으면 좋겠다.', '아무 조건 없이 지금 나를 좋아해 주기를 바란다.', '지금의 기분을 누군가와 공유하기를 원한다.'와 같은 감정을 주로 느낍니다.

사람의 애착 유형을 위 척도로 정확히 판별하기는 어렵지만, 자신의 대략적인 대인관계 패턴을 이해하며 점검할 수 있습니다.

에인스워스의 연구 결과, 아이의 애착 유형이 결정되는 것은 부모의 애착 유형이나 양육 태도와 관련이 있는 것으로 나타났습니다.

안정형인 아이의 엄마는 아이가 무엇을 원하는지 민감하게 알아차려 즉시 아이의 욕구를 적절하게 채워 줍니다. 아이는 엄마에게서 안전함을 경험하고 엄마는 아이를 기쁜 마음으로 돌봅니다. 안정형 아이는 성인이 되어서 안정적인 사회생활을 하며 조직에 잘 적응하고 행복을 자주 느끼고 신체적으로 건강합니다.

회피형 아이의 엄마는 아이가 곁에 다가오는 것을 귀찮아하거나 불편해합니다. 아이가 웃거나 울어도 별다른 반응을 보이지 않습니다. 아이는 엄마가 자신을 귀찮아하거나 거부한다고 생각하여 화를 내기도 합니다. 회피형 아이는 성장한 뒤에도 갑자기 화를 내는 모습을 종종 보입니다. 부모가 과잉보호하거나 지나치게 통제하는 집에서 자란 아이도 이와 같은 모습을 보입니다. 부모가 아이의 자율성을 침해하고 자신들의 뜻에만 따르도록 강요하는 가정에서 자란 아이는 부모 때문에 심리적인 자유를 빼앗겼다고 느낍니다. 그래서 이후 살아가면서 만나는 타인도 자유를 침해하는 불편한 존재로 여기고 안전감을 느끼기 위해 타인과 마음의 거리를 두고 살아갑니다.

회피형 애착 유형인 사람은 무표정한 모습으로 타인과 거리감을 유지하면서 생활하기에 다른 사람의 호감을 얻기 어렵고 부정적 사람으로 비칩니다. 타인에게 도움을 요청하지 않고 혼자 문제를 풀어 나가려 하며 감정에 민감하게 반응하는 것이 어려워 사회생활이 힘들게 느껴집니다. 이들은 분열성 인격장애, 강박성 인격장애, 자기애성 인격장애 등의 심리적 장애를 보일 수 있습니다.

양가형 아이의 엄마는 기분에 따라 아이를 대하는 태도가 다른데, 정서적으로 안정되었을 때에는 아이의 요구에 민감하게 반응해 주다가, 스트레스 상황에 놓이면 아이에게 반응해 주지 않는 상반된 태도를 보입니다. 아이의 요구를 정확히 감지하지 못한 빗나간 대응으로 아이를 불안하게 만듭니다. 양가형 애착인 사람은 타인의 표정, 반응에 지나치게 관심을 두고 타인의 사랑과 애정을 받기를 바랍니다. 이들은 의존성 인격장애, 불안장애, 연극성 인격장

엄마의 감정 연습 •

애 등을 앓을 확률이 높습니다.

혼란형 아이의 엄마는 아이 때문에 자신의 인생이 망가졌다고 생각하거나 양육이 버겁다고 느끼고, 이로 인해 아이는 언제 버려질지 모른다는 불안감에 휩싸입니다. 혼란형 아이는 심리적·신체적 학대를 당한 경험이 많고, 정서·행동 장애, 경계성 인격장애 등에 노출될 위험이 큽니다.

성숙한 부모가 안정형 애착을 물려준다

이처럼 부모의 성숙도는 아이와 안정적인 관계를 맺는 중요한 요인입니다. 사소한 문제에도 불안을 자주 느끼며 감정 기복이 심한 부모는 아이를 대하는 태도가 기분에 따라 달라져 아이를 불안하게 만듭니다. 부모가 아이에게 욕을 퍼붓거나 신체적인 폭력을 행사하며 거부하는 모습을 보이면 아이는 자신이 사랑받지 못하고 거부당한다고 생각합니다.

부모가 지나치게 통제하거나 간섭을 자주 하는 경우, 아이는 부모로부터 공감받지 못한다고 느끼고 부모의 요구에 맞추기 위해 자신의 본모습을 숨기고 사랑받을 만한 행동만 보입니다. 부모의 요구에 맞추기 어렵다고 생각하여 무기력한 모습을 보이기도 합니다.

미성숙한 부모에게서 성장한 아이는 자신도 부모의 실수를 되풀이할 가능성이 큽니다. 애착 유형은 자자손손 대물림되어, 엄마가 안정형 애착일 경우 아이도 안정형 애착일 가능성이 크고, 아이가 성인이 되어서도 안정형 애착을 보일 확률이 높습니다. 반대로 엄마가 불안정 애착일 경우 아이도 불안정 애착으로 성장하여 심리적 불행을 경험할 가능성이 큽니다.

하지만 애착 유형은 성인이 된 이후에도 바뀔 수 있습니다. 부모도, 어린 시절의 자신도 불안정 애착이었다고 하더라도 예외적으로 불행한 환경을 이겨내고 안정형 애착을 보이는 예도 있습니다. 안정형 애착으로 바뀌기 위해서는 변화를 위한 지속적인 행동을 실천해야 합니다.

믿었던 사람에게
받은 상처가 더 크다

불안정 애착은 엄마가 병약하거나 부부 관계, 직장 문제 등
으로 심각한 스트레스를 받을 때, 감수성이 떨어져 아이의 감정과
행동에 무디게 반응하면 형성됩니다. 엄마가 아이를 보호해 주기
어려울 때, 아이는 불안과 공포를 느끼며 애착이 불안정해지기 쉽
습니다. 아이가 자주 불안을 느낀다면 성장하면서 자신과 타인, 세
상을 믿기 어려워집니다. 애착을 제대로 형성하지 못한 아이가 어
른이 되면, 세상을 두렵고 믿지 못할 곳이라 여겨 불안한 마음으로
조용히 지내거나 반대로 부산스럽고 산만한 모습을 보이기도 합니
다. 타인과의 친밀한 상호작용과 사회생활에 서툴고 수동적인 모

습도 보입니다.

　　나를 지켜 줄 것이라 믿었던 사람, 아늑한 보금자리가 되어 줄 것이라 느꼈던 중요한 존재가 불안하게 만들 때, 아이는 심리적인 상처를 받습니다. 부모가 부부싸움을 하여 아이를 불안에 떨게 하거나 크게 다친 아이를 보고 적절한 조치를 하지 못했을 경우, 아이는 그러한 부모를 믿고 의지할 수 없으므로 친밀한 관계를 쌓기 어렵습니다. 그러면 아이와 부모는 온전한 애착 관계를 형성할 수 없습니다.

　　주위에서 아이들을 방임하고 학대하여 아이가 심리적 외상을 겪는 일들이 늘어나고 있습니다. 바쁜 부모는 아이를 챙겨 줄 여력이 없고 밤늦게까지 집에 들어오지 못해 아이를 돌보지 못합니다. 부부 갈등이나 시댁 문제로 인해 스트레스를 받으면 아이에게 온전히 관심을 기울이지 못할 때가 많습니다.

　　부모에게 거부당했거나 버림받았던 경험을 한 아이는 다른 사람을 믿지 못하고 또 다른 누군가에게 버림당할까 두려워합니다. 아이는 불안하고 두려운 감정에 사로잡히고 부정적 사고 패턴이 반복되어 자신의 미래를 절망적으로 바라보며 "소용없어.", "난 안 돼."라며 쉽게 포기하는 인생을 살 수 있습니다.

　　　　　　　　　　　　　　　　　　　엄마의 감정 연습 •

애착 외상을 입을 경우 나타나는 증상들

이혼, 사망, 질병 등으로 인해 부모가 아이 곁에 있지 못하거나 관심을 주기 어려울 때, 애착 외상이 생깁니다. 아동 학대나 왕따를 당해 아이가 불안전감을 느끼고 애착 외상이 생기면 세상을 믿지 못하고 사람들과 떨어져 홀로 지내려 합니다. 또한 아이가 심각한 질병으로 병원에 입원한 경우에도 애착 외상을 경험합니다. 이들은 성인이 된 이후에 위험한 상황을 감지하고 충동을 조절하는 능력이 떨어져 외상후 스트레스 장애(Posttraumatic Stress Disorder, PTSD)에 취약한 모습을 보입니다.

애착 외상으로 해마의 성장이 억제되거나 미성숙할 때 정서 조절능력이 떨어질 수 있습니다. 심리적 외상을 겪은 아이는 마음속이 텅 빈 것 같은 외로움을 느끼는데, 외상이 치유되지 않는 한 타인과 온전한 관계를 맺기 힘듭니다.

성인이 된 뒤에도 믿었던 사람에게 크게 상처를 받았던 경험은 애착 외상을 남깁니다. 상처를 받은 사람은 고통스러운 기억을 잊고 공허함을 채우기 위해 폭식, 도박, 음주, 쇼핑 등에 매달리는 모습을 보입니다. 자신이 무언가를 할 방법이 없다고 생각하면 무기력해지기 쉽습니다. 애착 외상으로 현재 상황을 정확히 바라보고 대처하는 능력이 떨어지면 원만하게 해결될 수 있는 문제에도 과민 반응을 보이거나 문제를 더 크게 만들어 상황을 악화시킬 수 있습니다. 애착 외상이 있는 사람은 전두엽 기능이 떨어져 충동적이고 즉흥적인 판단을 내리기 쉽습니다.

또한, 어린 시절 안정형 애착으로 성장했다고 하더라도 고통스러운 경험을 통해 애착 외상이 생기면 불안정 애착으로 변화될 수 있습니다. 폭력, 사별, 전쟁 등 어떤 이유로도 누구나 애착 외상을 경험할 수 있습니다.

애착 이론에서는 어린 시절 부모와 아이 사이에 형성된 애착은 변하지 않고 성인이 될 때까지 영향을 미친다고 설명합니다. 하지만 다양한 상황을 경험하고 수용하면서 성인 애착은 복잡하게 변화하는 양상을 보입니다. 즉, 현재 긍정적 애착 경험을 한다면 아동기의 불안정 애착에서 안정 애착으로 변화될 수 있고, 트라우마를 겪은 힘든 경험이 있다면 아동기에 안정 애착이었다 하더라도 지금은 불안정 애착으로 변할 수 있는 일입니다.

애착 외상으로 인해 보일 수 있는 반응은 두 가지로 나뉩니다. 첫째, 늘 의존할 사람을 찾아 그에게 의지하려 하고 감정 기복이 심합니다. 자기 뜻대로 맞추지 않으면 심하게 화를 내며 상대방을 비방합니다. 이들은 혼자 있는 것을 견디지 못합니다.

둘째, 상처받을까 봐 두려워 사람을 멀리하며 혼자 지내는 유형입니다. 신체적·심리적 학대를 당했을 경우 타인을 위협적인 대상으로 느껴 혼자 있을 때만 안전감을 느낍니다. 항상 사람들과

엄마의 감정 연습 •

거리를 유지하며 혼자서 인생을 살아 나가려 하지만, 그렇다고 사람들에게 관심이 없는 것은 아닙니다. 상대가 마음을 열고 다가와 안전감을 주면 이런 유형의 사람은 마음을 열고 상대와 교감하려 합니다.

누구나 애착 외상을 겪을 수 있습니다. 친밀한 사람으로 인해 상처를 받을 수도 있습니다. 다만 그 상처가 더 크고 쓰라리게 느껴질 뿐입니다. 애착 외상을 치유하려면 과거와 현재를 되돌아보고 자신을 성찰하며 안전감을 느껴야 합니다. 애착 외상을 치료하면서 더 성숙한 사람으로 변한 사례도 있습니다. 주위에 믿을 만한 사람 또는 상담 전문가의 도움으로 애착을 안정시키고 자기성찰 능력을 키우기를 권합니다. 마음의 상처는 주위 사람들에게 사랑받는 경험을 통해 자연스레 치유될 테니까요.

어린 시절의 기억은
힘이 세다

　　수민 씨는 어린 시절을 떠올리면 엄마에게 사랑받지 못한 기억만 떠오릅니다. 가게를 운영한 엄마는 일하느라 바빴고 부부 관계가 좋지 않아 스트레스가 많았습니다. 엄마는 수민 씨보다는 언니인 다연 씨에게 더 정을 주고 애지중지했습니다. 엄마는 수민 씨가 안겨 오면, "엄마 피곤하니까 저리 가서 텔레비전 봐."라며 귀찮아하고 거부하는 모습을 보였습니다.

　　수민 씨는 두세 살 무렵 장난감을 가지고 놀거나 만화영화를 보면서 하루하루를 보냈습니다. 엄마는 수민 씨가 혼자서도 잘 노는 아이라며 신체 접촉을 자주 하지 않았고 거의 관심을 주지 않았

　　　　　　　　　　　　　엄마의 감정 연습 •

습니다. 수민 씨는 자신이 사랑받지 못한다는 생각에 슬펐고 마음 한쪽에는 자신을 거부한 엄마에 대한 분노가 자리 잡았습니다.

시간이 흘러, 수민 씨도 성장하여 가정을 이루고 아이를 낳 았습니다. 수민 씨는 아이를 잘 키워야겠다는 마음은 가득했으나, 부부 문제로 스트레스가 심해 아이를 살뜰히 돌볼 기력이 없었습니다. 수민 씨는 아이에게 만화영화를 보게 하거나 장난감을 가 지고 놀게 했습니다. 아이가 수민 씨에게 다가오면 몇 번 말을 받 아 주다가 "저리 가서 놀아."라며 아이를 밀어내고 거부했습니다. 수민 씨는 문득, 옛날의 엄마와 똑같이 아이를 밀어내고 거부하는 자기 모습을 발견했습니다. 어린 시절, 엄마로 인해 받았던 마음 의 상처를 아직 고스란히 가지고 있으면서 자신의 아이에게 엄마 처럼 행동한 것입니다. '내 아이에게는 내가 받았던 상처를 주지 말아야지.'라고 다짐하며 아이를 낳았지만 의식하지 못한 사이에 아이에게 똑같은 상처를 주고야 만 것입니다.

어린 시절의 상처와 마주하기

우리는 어린 시절, 양육자로부터 크고 작은 상처를 받으며 자라 왔습니다. 부모로부터 받은 상처는 성인이 되어서도 흉터로 남아 마음의 병을 갖게 합니다. 부모로부터 받았던 아픔이 있다면 힘들겠지만 떠올려 봅시다. 원망스럽고 미운 부모 뒤에 아파서 흐느끼는 어린아이의 모습이 보이지 않나요? 이러한 회상을 통해 현재 당신의 아이가 어떤 감정을 느끼고 있는지 알아차릴 수 있을 것입니다. 이렇게 어린 시절을 기억하고 지금의 자신을 성찰해 봄으로써 내 아이의 아픔을 되새겨 볼 수 있습니다. 앞으로 자녀를 더 따뜻한 마음으로 사랑하며 관심을 줘야겠다고 다짐하게 됩니다. '아이에게 내가 겪은 상처를 주지 말아야지.'라고 되뇌면서 말입니다.

어린 시절에 신체적인 학대를 당한 자신의 기억이 너무 고통스러워서 아이가 큰 잘못을 저지른 상황에서도 어떤 제재도 하지 않는 엄마를 본 적이 있습니다.

"부모님에게 맞았던 기억이 아직 너무나 생생해요. 피멍이 들었고 그때 생긴 흉터가 제 몸에 그대로 남아 있어요. 부모님이 너무 원망스러워서 우리 아이에게는 어떠한 체벌이나 제재도 하지 않겠어요."라고 말하던 그 엄마는 아이가 말을 듣지 않고 규칙을 지키지 않을뿐더러 막말을 쏟아냈지만 아이를 그대로 내버려 두었습니다.

아이가 잘못했다면 '체벌을 한다.', '하지 않는다.'와 같이 둘 중 하나의 방식만 선택할 수 있다는 고정관념에서 벗어나야 합니다. 이럴 경우, 아이의 감정을 차분하게 가라앉히고 자신이 한 행동이 다른 사람에게 어떤 영향을 미쳤는지 정확히 설명해 주고 바람

엄마의 감정 연습 •

직한 문제 해결 방법을 아이와 함께 찾아봅니다. 어떤 사건을 한 단면만 바라보지 않고 다양한 각도에서 살펴볼 수 있는 조망 능력을 키우면 타인의 마음을 이해하는 폭이 넓어지고 훌륭한 해결책도 얻을 수 있습니다.

내가 부모에게 바라던 것을 아이에게 행하기

자신을 성찰하는 연습은 현재의 행동 패턴을 분석함으로써 가능합니다. 혹시 스트레스를 받는 상황에서 어떻게 반응하나요? 어떤 사람은 욱하며 화를 내고, 어떤 사람은 그 상황을 피해 버리거나 무시합니다. 잘못된 일을 남 탓으로 돌리거나 그 상황에 압도되거나 등 다양한 반응이 나타납니다. 이러한 반응은 자신의 과거 경험에서 비롯되었을 가능성이 크므로 과거 경험을 떠올려 자신의 현재 행동과 어떤 관련이 있는지 살펴보는 시간을 가져 봅시다. 현재 행동 패턴이 부정적 결과를 초래했다면 어떻게 행동을 바꾸는 것이 자신과 타인에게 도움이 될지 생각해 봅시다.

새로운 삶을 살고 싶다면 타인과 상황을 탓할 것이 아니라 자신을 먼저 이해하고 성찰하여 바람이나 욕구를 충족할 방법은 무엇인지 살펴보아야 할 것입니다. 자신의 내면을 바라보고 이해하는 시간을 가지며 가슴 깊이 숨겨 둔 자신의 욕구를 파악하고 그 욕구를 충족할 방법을 성찰을 통해 깨우칠 수 있습니다. 나와 가족, 타인의 행복은 내면의 소리를 들음으로써 가능해집니다.

내가 부모에게 간절히 바라고 원했던 것을 내 아이에게 사랑으로 전해 주는 것은 어떨까요? 어린 나를 엄마가 안고 따뜻하게 웃기를 바랐다면, 지금 당신이 아이에게 온화한 미소로 사랑의 포옹을 하는 것입니다. 당신이 어렸을 때 충분히 받지 못한 사랑을 아이에게 주는 노력을 하며 상처 또한 치유되는 경험을 하길 바랍니다.

아이의 애착에 문제가 있다고 해서 양육자가 자신을 비난하거나 질책하는 것은 가정에 더 큰 시련을 초래할 뿐입니다. 아이를 잘 키워야 한다는 강박적인 생각과 압박에서 벗어나 여유와 마음의 안정을 찾는 일이 가장 중요합니다.

아이에게 믿을 만한
대상이 된다는 것

어린 시절의 애착은 자신의 의지로 형성할 수 없고 양육자와 환경의 영향을 받습니다. 만약 불행한 유년을 보내고 안정 애착으로 성장하지 못했을 경우, 한평생을 힘들게 고통받으며 살아야 할까요? 아닙니다. 애착은 성인이 된 이후에도 변화할 수 있습니다.

애착이 안정된 사람은 편안한 정서로 상대방에게 안정감을 줍니다. 불안해 보이거나 공포감을 조성하지 않고 따뜻하고 친절한 태도로 상대방을 존중하고 배려합니다. 애착이 안정되면 사고가 확장되어 대인관계도 개선됩니다. 그러면 도저히 이해하기 힘들었던 사람, 미웠던 사람도 유연한 사고로 받아들일 수 있습니다.

불안정 애착이 형성되면 작은 일에도 민감하게 반응하거나 상처받고 대인관계가 힘들어집니다. 많은 스트레스로 몸과 마음에 병이 생기며, 외톨이가 되기도 합니다. 애착이 불안정하면 어떤 일의 긍정적 면보다는 부정적 면에 집중하며 상대방을 비난하고 원망하는 경향이 생깁니다. 장점보다는 단점을 보기 때문에 세상을 비관적으로 바라봅니다. 불안정 애착이 안정 애착으로 변화하면 사소한 일에 과민 반응이 줄고, 마음의 여유가 생겨 사회생활이 즐겁고, 긍정적으로 세상을 바라볼 수 있습니다.

안정적인 애착으로 변화하려면

그렇다면 안정적인 애착으로 변화하기 위해서는 어떻게 해야 할까요? 먼저, 믿고 의지할 만한 안전한 대상을 찾아야 합니다. 큰 위험이 닥쳤을 때 자신을 보호해 주고 위험에서 지켜줄 만한 존재가 곁에 있다면 안전감을 느끼게 될 것입니다. 부부나 부모와 자녀 관계가 한쪽이 지배적이고 한쪽은 의존적일 때, 서로에게 안정감을 줄 수 있는 대상으로 변화하기 위한 노력으로 관계를 회복하십시오. 지금 믿고 의지할 만한 대상인 안전기지가 없다면, 상담을 통해 상담사가 안전기지의 역할을 잠시 대신할 수도 있습니다.

믿을 만한 안전기지의 역할을 하려면 무엇이 필요할까요?

엄마의 감정 연습 •

가장 기본적이면서 중요한 사실은 상대방의 마음을 이해하고 공감하는 일입니다. 상대방이 힘들 때 믿고 기댈 수 있는 사람, 편안하게 찾아와 이야기하고 마음의 평정을 찾게 도와주는 사람이 되어야 합니다. 어려울 것이 없습니다. 그저 힘든 마음을 헤아려 주고 있는 그대로 들어 주면 됩니다. 상대방이 마음의 문을 닫고 말하지 않는다면, 조급해하지 않고 마음을 열 때까지 기다려 줍니다. 상대방이 마음의 문을 열기도 전에 좋은 해결책이라며 알려 주고 조언하는 일은 상대방을 의존적으로 만들며 별로 도움이 되지 않습니다. 상대방이 스스로 문제의 답을 찾아낼 수 있도록 옆에서 지지해 주는 것이 가장 좋은 방법입니다. 또 상대방에게 '언제나 네 편이야.'라는 메시지를 전달해 주면 효과적입니다.

잘한 일은 칭찬하고 옳지 않은 일은 바람직한 방향으로 나아갈 수 있도록 안내해야 합니다. 상대방에게 비난, 지시, 평가, 통제하는 말을 할 경우, 상대방은 두려움이나 불안함을 느껴 마음의 문을 닫습니다. "당신은 이렇게 해야 해. 이게 정답이야. 이 말에 따라."라고 자신의 일방적인 의견만 내세운다면 안정적이고 편안한 대화를 이어 나갈 수 없습니다.

일방적인 대화는 상대방을 있는 그대로 수용하거나 공감하지 못하게 만듭니다. 상대방의 의견은 무시된 채 자신의 의견만 강요한다면 그에게 안전감보다는 위협과 고통을 느끼게 만듭니다.

어떤 사람은 자신의 말을 훈계식으로 늘어놓으면서 상대방이 이야기할 때는 건성으로 듣고 말을 잘라 버립니다. 이러한 태도는 상대방이 공감받지 못한다고 느끼게 만들므로 자제해야 합니다.

대화할 때, 상대방의 표정이나 목소리, 말투를 비슷하게 따라하거나 상황에 따라 적절하게 비언어적 요소를 활용한다면 상대방과의 신뢰감을 형성하는 데 도움이 됩니다. 어떤 이가 조용한 곳에서 천천히 조심스럽게 말하고 있는데, 상대방이 재빠르고 격앙된 목소리로 답한다면 불편하고 불안한 마음을 일으켜 안전감 형성을 방해합니다.

상대방이 믿고 의지할 만한 대상이 되려면 그에게 늘 관심을 두고 그의 감정, 행동 변화에 민감하게 반응하는 자세가 필요합니다. 그의 필요를 바로 충족시켜 주고 보호받는다는 느낌을 받도록 합니다. 어떤 행동을 했을 때 상대방이 아무 반응을 보이지 않거나 한참 후에 반응한다면 둔감한 상대방에게 호감을 잃고 부정적 감정을 느끼며 거리를 두게 됩니다.

우울한 사람, 외상 후 스트레스 장애를 앓는 사람은 상황을 인지하고 처리하는 속도가 느려 상대방의 행동에 민첩하게 반응하기 어렵습니다. 불안한 사람은 상대방의 답장이 늦거나 연락이 빨리 되지 않는 것으로도 불안감이 더 커지므로, 안전감을 주기 위해서는 재빨리 응답할 필요가 있습니다.

주의할 점은 상대방이 원하는 반응을 해야 안전감을 줄 수 있다는 사실입니다. 그의 바람을 알기 위해서는 앞에서도 말했듯이 그의 표정, 말투, 생각, 행동 등을 주의 깊게 살펴보고 관심을 두는 자세가 필요합니다.

남편이 상사에게 질책을 받아 힘든 마음으로 집에 와서 아내에게 회사에서 있었던 일을 털어놓았는데, 아내가 "당신 행동에 문제가 많다는 것은 생각 안 해봤어요? 앞으로 처신 잘하세요."라고 말을 했다고 합시다. 아내에게 공감은커녕 비난하는 말을 들은 남편의 마음은 더 괴로워지고 불안해질 것입니다. 남편은 아내에게 "어머, 그런 일이 있었어요? 아주 속상하고 힘들겠네요. 마음이 무척 아프네요."와 같은 공감하는 반응을 기대했을 것입니다. 지속적인 관심과 공감으로 안전감을 주면서 대화하는 과정을 통해 애착의 회복을 꾀할 수 있습니다.

믿음직한 사람에게 정서적 지지 얻기

애착을 안정적으로 변화시키기 위해서는 믿고 의지할 만한 대상을 찾아보는 노력이 필요합니다. 부모를 포함한 기댈 수 있을 만한 대상에게 정서적인 지지를 받으면 고통을 이기는 능력도 높아집니다. 믿을 만한 대상이 항상 곁에 있다고 느낀다면 마음이 안정되고 힘들어하는 타인을 돕고 공감해 줄 여유까지 생깁니다. 마음이 편안해지면 상황을 객관적으로 바라볼 수 있는 능력도 높아집니다.

지금 곁에 믿고 의지할 만한 대상이 없다면, 신이 곁에서 항상 보호하고 있다고 매일 눈을 감고 상상해 봅시다. 신이 곁에서 충분한 힘을 주고 언제나 위험에서 보호하며 안전기지를 만들어 준다고 그려 봅시다. 당신이 사랑받고 있는 모습을 그리고 그 느낌에 머물러 봅시다. 그러면 초조하고 불안하던 마음도 한결 편안해지고 안전감을 얻습니다. 당신 또한 타인이 믿고 의지할 만한 대상이 되려고 애쓰다 보면 안전감을 얻을 수 있는 대상을 만날 수 있습니다.

안정감은 사람뿐만 아니라 어린 시절의 바람이나 욕구의 충족 등으로 얻을 수도 있습니다. 예를 들어 좋은 글을 써서 사람의 마음을 치유하는 일이 바람이었다면 그것을 실천함으로써 애착을 안정시킬 수 있습니다. 아픈 사람을 치료해 주고 봉사하며 헌신하는 삶을 꿈꿔 온 사람은 의사, 간호사, 요양보호사 등의 직업을 통해 안전감을 맛볼 수 있습니다.

지금부터 주위를 둘러보며 안전감을 주는 대상을 찾아봅시다. 마음 편히 기댈 수 있는 대상은 생각보다 가까이 있고 쉽게 찾을 수 있는지도 모릅니다.

엄마의 감정 연습 •

애착을
안정시켜야 하는 이유

애착의 안정을 결정짓는 요인은 경험을 받아들이는 태도에
달려 있습니다. 힘든 일을 경험해도 어떻게 받아들이느냐에 따라
그에 대한 감정, 태도, 행동이 달라집니다. 어떤 일을 자신의 입장
에서만 바라보고 주관적인 고통을 호소하는 사람이 있는가 하면, 같
은 일을 자신뿐만 아니라 타인, 제삼자의 관점에서도 고려해 봄으로
써 좀 더 넓은 시야로 상황을 바라보는 사람이 있습니다.

전자는 애착이 안정되지 않은 사람의 전형적인 특징으로, 자
신만의 관점으로 세상을 바라봄으로써 불안, 분노를 경험하고 매사
에 감정적인 반응을 보이기 쉽습니다. 후자는 안정형 애착에서 보

이는 특징으로, 다양한 관점에서 상황을 바라봄으로써 안정적인 정서 반응을 하며 바람직한 대응책으로 문제를 현실에 맞게 해결할 수 있습니다.

안정적 애착은 객관적 판단을 가능하게 한다

민진 씨는 다이어트를 위해 점핑 운동을 시작했습니다. 그런데 그녀는 매일 아침 운동을 하고 나서 집에 바로 돌아가지 않고, 코치에게 이것저것 운동과 육아에 대한 질문을 1시간 이상 했습니다. 일주일이 지난 후 코치는 민진 씨를 보고도 눈을 피하고 바쁘다며 자리를 떠났습니다. 이때 그녀는 '내가 질문을 너무 많이 해서 코치님이 피곤해져서 피하는 걸까?'라고 생각할 수 있습니다. 그녀는 당분간 코치에게 질문을 자제하고 대신 운동 후 친구와 만나 대화하며 즐겁게 지냈습니다. 이렇게 자신의 행동을 반성하고 상대방의 마음을 추측하면서 행동을 변화시킬 수 있습니다. 그 후 코치는 다시 민진 씨에게 다가와 운동에 대한 질문에 성실히 응대해 주었습니다.

자신의 행동을 성찰하고 상대방의 입장을 살펴보는 일, 격앙된 감정에서 한 걸음 물러나 객관적으로 상황을 바라보는 능력은

엄마의 감정 연습 •

애착이 안정되었을 때 비로소 가능합니다. 그러면 상황에 대한 적응력이 생기고 유연하게 사고할 수 있습니다.

어떤 일이 생겼을 때 사실을 예측, 감정과 같은 2차 반응과 혼동하는 사람이 많습니다. 애착이 안정되면 사실과 추측되는 상황을 명확히 구분하여 객관적인 사고와 신중한 행동을 보입니다. 가령, 정황상 친구가 당신에 대해 욕을 하고 다니는 것 같은 느낌이 든다고 합시다. 그러면 가슴속에서 화가 차올라 그 친구에게 찾아가 한마디 해 주고 싶을 것입니다. 그런데 여기서 중요한 것은 '그 친구가 실제로 당신을 비방한 사실이 있었는가?'입니다. 추측과 감정적인 판단만으로 이성을 잃고 친구에게 과격한 말들을 쏟는다면 둘 사이는 틀어질 뿐만 아니라 서로 상처를 주고받는 결과만 나타날 뿐입니다. 평소에 추측되는 정황을 사실이라 믿고 곧바로 행동으로 옮긴다면 관계가 악화할 수 있으므로 사실과 예측을 구분할 수 있는 능력을 키우는 것이 중요합니다.

불안정적 애착은 추측성 판단을 일으킨다

지수와 고모는 토요일 오후 5시에 만나기로 했는데, 지수가 오후 2시쯤 고모에게 약속에 나가지 못할 것 같다고 문자를 보냈습니다. 고모는 문자 알림을 무음으로 해 놓아서 문자를 확인하지 못하고 약속 장소에 나갔습니다. 고모는 제 시간에 약속 장소에 도착하여 지수가 보낸 문자를 뒤늦게 확인했습니다. 고모는 지수에게 전화해서 "문자를 이제 확인했어. 문자를 바로 확인하지 못할 수도 있는데, 왜 전화하지 않았어?"라고 화난 목소리로 말했습니다. 그런데 지수는 "고모가 핸드폰을 비행기 모드로 전환하고 문자 안 본 척하는 것 아니에요? 문자를 확인하지 않은 고모 잘못이죠."라며 고모에게 화를 냈습니다. 고모는 너무 당황스럽고 어이가 없어 한동안 어찌할 바를 몰랐습니다.

위 사례에서 지수는 고모가 문자를 봐 놓고 못 본 척하는 것이라며 자신이 추측한 일을 사실인 양 믿어 버리고 고모에게 화를 냈습니다. 추측한 일을 사실이라고 생각하고 마음 가는 대로 행동한다면 서로 간 신뢰가 무너지고 관계 또한 금이 갈 것입니다. 이런 일이 반복되면 친구들 사이에서도 소외되고 정서적인 혼란을 자주 경험하게 됩니다.

사실과 감정, 추측이 혼돈되는 상황이 생기더라도 심호흡하며 마음을 안정시킵시다. 잠시 시간을 두고 차분하게 상황을 바라보는 노력을 합시다. 이러한 노력으로 감정이 안정되면 뇌가 유연해져서 객관적으로 상황을 바라볼 수 있는 능력이 향상됩니다.

앞에서 살펴보았듯이, 애착을 안정적으로 변화시키기 위해서는 안전감을 확보한 뒤 자기 내면을 성찰하고 객관적으로 상황을 바라보는 안목을 키워야 합니다. 타인을 긍정적 시선으로 바라보고 따뜻한 마음으로 상호작용할 때 서로의 애착이 안정되며 사랑하는 마음도 커집니다. 사랑하는 마음을 정성을 담아 말로 표현해야 상대는 당신의 마음을 알 수 있습니다.

미안한 마음도 솔직하게 표현해서 상대의 아픈 마음을 위로하기를 권합니다. 상대에게 충분히 사랑받을 만한 가치가 있는 존재라는 사실을 느끼게 하십시오. 사랑하는 아이, 가족, 연인, 돕고 싶은 사람에게 든든한 울타리가 되어 줍시다. 비바람이 몰아쳐도 막아 줄 수 있는 튼튼한 우산 같은 존재가 되어 그가 믿고 의지할 만한 보호자의 역할을 해 봅시다. 소중한 사람에게 기댈 만한 사람, 의지할 만한 대상이 되어 준다면, 그도 기꺼이 나에게 편안한 휴식처가 되어 줄 것입니다.

Check! ∞∞∞∞∞∞∞∞∞∞∞∞∞∞∞∞∞∞∞∞∞∞∞∞∞∞∞∞∞∞∞
엄마의 감정 연습 둘째. **감정을 잘 주고받는 4가지 방법**

① 안정형 애착을 물려주기

- 부모의 성숙도는 아이와 안정적인 관계를 맺는 중요한 요인이다. 불안을 자주 느끼며 감정 기복이 심한 부모는 기분에 따라 대하는 태도가 달라져 아이를 불안하게 만든다.
- 부모가 아이를 통제하거나 간섭을 자주 하는 경우, 아이는 부모로부터 공감받지 못한다고 느낀다. 부모의 요구에 맞추기 위해 자신의 본모습을 숨기고 부모에게 사랑받을 만한 행동만 보인다. 무기력한 모습을 보이기도 한다.

② 불안정 애착의 연결고리 끊기

- 아이가 잘못했다면 아이의 감정을 차분하게 가라앉히고 자신이 한 행동이 다른 사람에게 어떤 영향을 미쳤는지 정확히 설명해준다. 그리고 문제 해결 방법을 아이와 함께 찾아보자.
- 새로운 삶을 살고 싶다면 타인과 상황을 탓할 것이 아니라 자신을 먼저 이해하고 성찰한다. 그리고 욕구를 충족할 방법은 무엇인지 살펴보자. 자신의 내면을 바라보고 이해하는 시간을 가지며 가슴 깊이 숨겨 둔 욕구를 파악하고 충족할 방법을 찾아보자.

- 내가 부모에게서 받지 못한 사랑을 아이에게 주자. 엄마가 어린 시절의 나를 안고 따뜻하게 웃기를 바랐다면, 지금 내 아이를 따뜻하게 안아주자. 어렸을 때 충분히 받지 못한 사랑을 아이에게 주면서 상처 또한 치유되는 경험을 하자.

③ 애착을 안정시키는 법

- 상대방의 마음을 이해하고 공감하자. 상대방이 힘들 때 믿고 기댈 수 있는 사람, 편안하게 찾아와 이야기하고 마음의 평정을 찾게 도와주는 사람이 되자.
- 상대방이 마음의 문을 닫고 말하지 않는다면, 조급해하지 말고 마음을 열 때까지 기다린다. 상대방이 스스로 문제의 답을 찾아낼 수 있도록 옆에서 지지한다.
- 대화할 때, 상대방의 표정이나 목소리, 말투를 비슷하게 따라하거나 상황에 따라 적절하게 비언어적 요소를 활용한다면 상대방과의 신뢰감을 형성하는 데 도움이 된다.
- 상대방이 믿고 의지할 만한 대상이 되려면 그에게 늘 관심을 두고 그의 감정, 행동 변화에 민감하게 반응하는 자세가 필요하다.

④ 애착을 강화시키는 법

- 평소에 추측되는 정황을 사실이라 믿고 곧바로 행동으로 옮긴

다면 관계가 악화할 수 있으므로 사실과 예측을 구분할 수 있는 능력을 키우자.

- 사실과 감정, 추측이 혼돈되는 상황이 생기더라도 심호흡하며 마음을 안정시킨다. 잠시 시간을 두고 차분하게 상황을 바라보는 노력을 하자. 감정이 안정되면 뇌가 유연해져서 객관적으로 상황을 바라볼 수 있는 능력이 향상된다.

- 내면을 성찰하고 객관적으로 상황을 바라보는 안목을 키우자. 타인을 긍정적 시선으로 바라보고 따뜻한 마음으로 상호작용할 때 서로의 애착이 안정되며 사랑하는 마음도 커진다.

- 미안한 마음도 솔직하게 표현해서 상대의 아픈 마음을 위로하자. 상대에게 충분히 사랑받을 만한 가치가 있는 존재라는 사실을 느끼게 하자.

Chapter 3.

나를 망치는
부정적 감정 처리

- 엄마의 상처를 치유하는 심리 기술

예민한 기질도
무기가 될 수 있다

    선희 씨는 여러 해 전부터 불안장애로 고생하고 있습니다. 미래에 대한 불안과 걱정으로 잠을 설치느라 3시간도 채 잠들지 못합니다. 병원에서 처방받은 수면제와 우울증 약을 매일 먹으니 낮에도 약 기운에 취해 비몽사몽일 때가 많습니다. 밤에는 여러 걱정이 떠올라 가슴이 뛰고 불안해져 '이러다 죽겠구나!'라는 생각이 선희 씨를 괴롭힙니다. 불안증세는 갈수록 심해져 집안 살림을 돌볼 수 없는 지경이 되었습니다. 선희 씨의 남편은 바삐 아침상을 차리고 아이들을 돌보다가도 몇 년째 아픈 아내를 보면 가슴이 무너집니다.

선희 씨처럼 걱정, 불안, 두려움으로 힘겹게 살아가는 사람이 무척 많습니다. 예민함으로 인해 사람이 많은 곳을 피하거나 실수하는 일이 두려워 새로운 일을 시도하지 못하는 사람도 있습니다. 어둠이 무서워 방문을 열고 잠을 청하기도 하고, 자신이 버림받을 것이라는 생각에 주위 반응을 계속 살피는 사람도 있습니다. 문을 몇 번씩 단속하지 않으면 불안한 사람, 윗사람이 가까이 있으면 두려운 사람, 불면증으로 고통받는 사람 등 각양각색입니다.

불안장애가 생기는 원인

아무 걱정 없이 세상을 살아갈 수 있다면 얼마나 행복할까요? 하지만 걱정이나 불안이 없는 삶은 존재하지 않습니다. 누구나 크고 작은 걱정을 안고 살며, 걱정이 커지면 불안이 나타납니다. 불안이 깊어지면 불안장애, 공황장애와 같이 심각한 질병이 생깁니다. 불안이 정상적으로 작동할 때는 위험한 상황에서 자연스럽게 나타납니다. 이에 반해 불안이 병적으로 작동할 때는 부적응 반응이 일어나고 심리적 고통을 느껴 불안장애가 유발됩니다.

공황장애는 갑자기 극심한 불안과 공포가 밀려와 당장 죽을 것만 같은 공포를 느끼게 합니다. 이러한 정상적인 불안이 아닌 병적인 불안은 일상생활을 하지 못하게 만들므로 심리 치료를 받으며 마음의 안정을 찾는 노력이 필요합니다.

불안장애가 나타나는 원인은 다양합니다. 생물학적 관점에서는 기질이 유전되어 나타난다고 보고, 행동주의적 관점에서는 학습된 결과로 나타난다고 봅니다. 예를 들어 한 아이가 병아리와 놀고 있을 때 갑자기 큰 소리가 났다면 아이는 잠깐 놀라겠지만 이내 다시 병아리와 놀겠지요. 그런데 아이가 병아리와 놀 때마다 큰 소리가 들린다면, 나중에 아이는 병아리를 무서워할 수 있습니다. 처음에는 무서움의 대상이 병아리가 아니라 큰 소리였지만, 이제 아이는 병아리만 보아도 큰 소리가 떠올라 두려워집니다. 이것이 학습된 불안의 결과입니다.

인지적 관점에서 불안한 사람의 특징은 자신이 위험한 상황 속에 있다고 여기는 것입니다. 특히 범불안장애를 지닌 사람은 위험한 상황에서 자신이 대처할 힘이 부족하다고 느낍니다. 일상생활에서 위협적인 상황이 아님에도 불구하고 '지진이 일어나면 어떡하지?', '천장이 무너지면 어떡하지?'와 같이 잠재된 위험을 두려워하며 그 일이 일어날 가능성을 늘 생각합니다. 위험한 일이 발생하면 치명적인 결과가 나타날 것이라 추측합니다.

미국의 심리학자인 해리 설리번(Harry Stack Sullivan)은 대인관계에서 불안이 시작한다고 보았습니다. 그는 불안이 '생리적 욕구'와 '사회적 안전 욕구'가 충족될 때 해소된다고 했습니다. 생리적 욕구는 음식, 물, 공기, 휴식과 같은 생존에 필요한 욕구이고, 사회적 안전 욕구는 대인 관계적 요소에 의해 비롯된 욕구입니다. 예를 들어 어머니가 아이에게 밥을 주어 생리적 욕구는 만족시켜 주었으나 불안한 모습을 보이거나 화를 낸다면, 아이는 어머니의 감정으로 인해 사회적 안전 욕구가 만족되지 않아 불안을 느낍니다.

불안과 두려움은 과거의 상처, 트라우마(Trauma)를 주었던 비슷한 상황에서도 느낄 수 있습니다. 이는 뇌의 변연계에 자리 잡은 해마, 편도체에서 과거의 기억을 떠올려 걱정, 불안을 느끼게 만드는 것입니다.

트라우마를 남기고 무기력하게 하는 원인

승철 씨는 평범한 직장인으로, 직장에서는 '매너남'으로 불릴 정도로 친절한 사람입니다. 가정에서도 평소에는 자상하지만 한번 화가 나면 화를 조절하지 못해 집안 살림을 부수거나 아내 미경 씨와 아이에게 폭력을 행사했습니다. 미경 씨는 승철 씨와 크게 싸우는 날이면 머리채를 휘어 잡히고 얼굴에 멍이 들 때도 있었습니다. 특히, 시댁과 벌어지는 갈등으로 다투는 날이면 승철 씨는 항상 폭력을 썼습니다. 미경 씨는 반복적으로 가정폭력을 당하면서 심장이 두근거리고 불안한 증세가 나타났습니다. 결국 트라우마 상담

엄마의 감정 연습 •

을 받았습니다.

　미경 씨는 자신에게 주먹을 휘두른 승철 씨와 비슷한 발걸음 소리만 들어도 소스라치게 놀라며 불안해했습니다. 미경 씨는 우울증을 앓았고 승철 씨에게 쫓기는 꿈을 자주 꾸었습니다. 가정폭력과 같은 위협적인 상황에 노출된 사람은 그와 비슷한 상황이 재현될 때 소스라치게 놀라며 불안에 떨 수밖에 없습니다.

　불안을 자주 느끼는 사람의 또 다른 특징은 쉽게 무기력해진다는 점입니다. 마음이 안정되지 않기 때문에 어떤 일이든 집중하기 어렵습니다. 만성불안에 시달리는 사람들은 "오늘 특별히 한 것도 없는데, 온몸이 쑤시고 피곤해요."라고 말합니다. 매일 걱정거리를 생각하고 불안에 떠는 사람은 체력이 금방 바닥나, 스스로가 어떤 일을 해낼 힘이 부족하다고 느낍니다. 온종일 몸이 긴장되어 있으니 당연히 피로도 쉽게 느낍니다. 지나친 걱정과 불안에 시달리면 몸과 마음에 나쁜 영향을 미쳐 건강한 생활을 유지하기가 힘듭니다.

　나쁜 일이 일어나리라는 상상을 하는 것만으로도 우리의 몸은 그 일을 마치 이미 겪은 것처럼 고통받습니다. 직장인이라면 모두 일요일 밤에 다음 날 직장에 출근할 생각만 해도 머리가 지끈거리는 경험을 해 봤을 것입니다. 직장에서 다음 날 발표할 생각만 해도 스트레스를 받는 경우도 마찬가지입니다. 시어머니에게 전화로

꾸지람을 자주 듣는 며느리가 전화벨 소리만 울려도 야단맞을 생각에 불안하고 심리적인 고통을 느끼는 것과 같습니다.

불안이 높은 경우에는 사소한 일에도 민감하게 반응할 수 있습니다. 고민을 상담하려는 친구에게서 전화가 왔을 때, 처음에는 이야기를 잘 듣다가 친구의 푸념이 사소한 것처럼 느껴지면 갑자기 짜증이 나는 것처럼 말입니다. 내 불안도 해소하지 못했는데, 친구의 사소한 고민까지 들어 주고 있자니 감정이 올라올 수 있지요.

대다수 사람은 예민하고 불안을 잘 느끼는 사람을 부정적으로 바라보고 심약한 대상으로 여겨 보살펴 주어야 한다고 생각합니다. 예민한 사람은 작은 일에도 뇌가 민감하게 반응하므로 인생을 사는 것이 고달프고 힘든 여정처럼 느낄 수도 있습니다. 만약 불안이 심해 불면증에 시달리거나 스트레스를 상당히 많이 받고, 그로 인해 회피적인 행동을 자주 보인다면 주위의 도움을 받기를 권합니다.

예민한 기질도 무기가 될 수 있다

사소해 보이는 일에 민감하게 반응하는 예민한 기질을 타고난 아이들이 있습니다. 그 아이들은 외부 환경과 상황에 매우 민감하게 반응합니다. 작은 소리에도 신경이 곤두서며, 타인의 거슬리는 말 한마디에 화를 냅니다.

　　예민한 사람들을 위한 연구를 하는 미국의 심리학자 일레인 에런(Elaine N. Aron) 박사는 2006년 미국 전체 인구의 15~20퍼센트가 예민한 기질을 가졌다고 밝혔습니다. 미국인의 5명 중 1명꼴로 예민한 기질의 특성을 보인다는 것입니다. 저도 어린 시절에 자주 울었고, 겁이 많았으며 새로운 자극을 받으면 두려움을 느꼈습니다. 긍정적 자극이 많은 환경과 상황에서도 예민한 기질을 가졌기에 두려움을 먼저 느낀 것입니다.

　　예민한 기질의 사람은 공포, 불안과 같은 감정을 느낄 때 다른 사람에 비해 감정 회로의 핵심이라고 불리는 편도핵이 더 빨리 자극받지만, 전두엽의 통제 기능은 천천히 작동합니다. 그래서 타인에 비해 쉽게 긴장하고 흥분하며 스트레스를 더 많이 받고 힘든 일을 견디기 어려워합니다. 새로운 자극에 과민하게 반응하고 평정심을 되찾는 데 오랜 시간이 걸립니다.

　　하지만 예민한 기질 때문에 겁을 먹고 두려움을 가진다 하더라도 정상적인 두려움은 성과를 이루고 성공을 가져오는 힘으로 작동하기도 합니다. 적당한 공포심은 짧은 시간에 더 많은 열정과 노력으로 성취하게 합니다.

　　예민한 기질의 취약성을 강점으로 극복하면 누구보다 멋진 인생을 살 수 있습니다. 예민함을 긍정적 시선으로 바라보고 자신의 분야에서 장점으로 승화시킨 인물로는 타이거 우즈(Tiger Woods), 윈스턴 처칠(Winston Churchill) , 아이작 뉴턴(Isaac Newton) 등이 있습니다. 이들은 타인의 감정을 읽고 공감하는 능력도 탁월했습니다. 예술적인 재능이 뛰어나고, 집중력과 사고력이 높아 연구 분야에서 탁월한 성과를 냈습니다.

세계적인 프로 골프 선수 우즈는 10년 동안 56승을 이룬 대단한 선수입니다. 그는 예민한 기질을 타고났지만, 결과적으로 성공을 이루었습니다. 우즈는 2009년 11월 말에 터진 스캔들 이후 우승하지 못할까 봐 몹시 두려워하고 불안에 떨며 경련 증세를 보였습니다. 하지만 그는 불안감을 이겨 내고 2008년 우승 이후 11년 만에 메이저 대회에서 우승합니다.

영국의 총리 처칠은 우울증을 심하게 앓았는데, 우울할 때마다 그림을 그리거나 글을 쓰면서 심리적인 안정을 찾으려 노력했다고 합니다. 우울을 창작 작업으로 승화시킨 처칠은 결국 우울을 계기로 창의적인 사고와 넓은 통찰력을 기르면서 성공적인 인생을 살 수 있게 되었습니다.

유명한 물리학자 뉴턴은 아버지가 돌아가신 뒤 태어나 세 살 무렵에는 어머니와도 이별하는 아픔을 겪었습니다. 예민한 기질을 타고난 그는 우울증과 신경과민에 시달렸지만 뛰어난 창의력, 집중

엄마의 감정 연습 •

력으로 만유인력의 법칙 등 위대한 성과를 이루어 냅니다.

예민함을 무기로 성공한 유명한 인물들처럼 자신의 취약성에 대한 대처 능력을 키우고, 강점에 집중하는 삶을 사는 자세가 필요합니다.

사람마다 기질은 다 다릅니다. 기질에는 좋고 나쁨이 없습니다. 예민하고 까다로운 기질도 마찬가지입니다. 그 기질이 갖는 장점과 잠재력이 있으므로 이를 충분히 이해하고 받아들일 필요가 있습니다. 주위에서 예민한 사람을 이해하고 격려해 준다면, 예민한 사람은 그 예민함을 무기로 자신의 능력을 최대로 발휘하여 크게 성공할 것입니다.

모든 것에서
안전하다는 인식

한 아이가 놀이공원에 있습니다. 아이는 뱅글뱅글 도는 회전목마가 무서워 엄마에게 집에 가자고 합니다. 엄마가 "괜찮아, 엄마가 타는 것 봐." 하고 웃으며 회전목마를 타는 모습을 보여 줍니다. 이때 불안이 적은 아이라면 '저 놀이기구를 타도 괜찮구나. 내가 너무 겁을 냈네.'라고 느끼며 긴장을 풀고 자신의 불안을 쉽게 잠재울 수 있습니다. 반면, 불안이 높은 아이라면 엄마가 괜찮다고 하며 시범을 보여 줘도 겁을 먹고 그 상황에서 도망치려 합니다. 엄마의 말에 오히려 불안이 더 커지기도 합니다.

불안을 자주 느끼는 사람은 어떻게 해야 마음이 편안해질까

엄마의 감정 연습 •

요? 심리적 안정을 얻기 위해서는 안전하다고 인식하는 것이 가장 필요합니다. 지금 여기에서 자신이 안전하다고 느끼면 불안은 어느새 사라지고 맙니다.

사람들은 타인과 친밀한 관계를 맺으며 마음의 평온을 느낍니다. 자신이 사랑받지 못한다고 느끼거나 마음의 욕구가 채워지지 못할 때 마음은 텅 비어 버립니다. 반면에 주위 사람들에게 애정 어린 말을 듣거나 격려, 인정을 받으면 마음이 편안하고 안도합니다. 일상적인 대화 속에서 "나는 항상 네 편이야.", "너를 믿어."라는 말을 들으면 언제나 자신을 지지하는 사람 덕분에 마음이 강해집니다.

불안과 걱정을 잠재우는 방법

불안이 높은 사람도 자신을 믿는 단 한 명의 동반자나 지지자가 있다면 마음의 안정을 얻을 수 있습니다. 그렇게 자신을 잠식하는 불안에서 벗어납니다. 취미나 성격이 비슷한 사람과 함께 마음을 나누고 교류해 보십시오. 불안을 잠재우는 데 큰 도움이 됩니다. 저 역시 마음이 불안할 때 친한 친구와 이야기하면 마음이 평온해지고는 합니다. 함께 대화할 사람이 마땅히 없다면 길게 심호흡하며 마음을 다스리거나 명상을 하면 좋습니다. 긴장을 이완하기 위해서 걷기와 같은 운동을 하며 불안을 잠재울 수도 있습니다.

　　자신이 좋아하는 취미 활동에 몰두해 보는 것도 좋습니다. 예를 들어 블로그 활동을 하면서 콘텐츠 창작하기, 주제를 정해 캘리그래피 작업하기, 글쓰기, 그림 그리기 등을 통해 불안을 이겨 낼 수 있습니다. 저는 걱정거리가 많을 때 글을 쓰며 시간을 보냅니다. 글을 쓸 때는 온전히 창작에만 집중하므로 잡념을 떨쳐 낼 수 있습니다. 보통, 아무것도 하지 않을 때 불안하고 걱정거리가 떠오르기 마련입니다. 걱정을 밀어내기 위해 일상을 바쁘게 살아 보는 것은 심리적인 안정에 도움이 됩니다.

　　미국의 심리학자 롤랜드(Roland)는 걱정이 많은 사람들에게 걱정할 시간을 정하여 매일 그 시간에만 최대한 걱정하라고 조언했습니다. 매 순간 걱정하는 것은 에너지 소모가 너무 크고 사람을 지치게 만들기 때문에 정한 시간에만 걱정하라는 것입니다.

　　다른 일에 집중하다가 걱정해야 할 일이 있다면 일정한 시간을 정하여 걱정하기를 권합니다. 작업실 의자나 주로 사용하는 소파가 아닌, '걱정하는 장소'를 따로 만들어 그곳에서 걱정하는 것입니다. '걱정 의자'를 만들어 거기에 앉아 걱정하는 것도 좋습니다. 걱정을 떠올렸던 곳은 다음에도 그곳에 가면 걱정이 떠오르기 쉬우므로 일정한 장소에서 걱정하기를 권합니다.

　　또 다른 방법은 자신이 언제, 무엇을 걱정하는지 '걱정 사고

　　　　　　　　　　　　　　　　　　엄마의 감정 연습 •

기록지'를 상세하게 작성해 보는 것입니다. 걱정 사고 기록지는 어떤 사건이 벌어지고 나서 그로 인해 유발된 감정과 자동으로 떠오른 사고, 합리적인 사고 반응을 기록해 보는 것입니다. 기록지를 한 달 이상 작성한 뒤 주로 어떤 것을 걱정하는지 살펴보고, 이러한 걱정이 현실적인지, 삶에 도움이 되는지 따져야 합니다. 그러면 대다수의 걱정이 현실에서 일어나지 않는 것이며, 인생에 도움이 되지 않는 것을 깨달을 수 있습니다. 걱정뿐만 아니라 가장 불안해하는 것은 무엇인지 찾아보고 이에 당당히 맞서는 연습을 하는 것이 중요합니다.

패배자 각본에서 승리자 각본으로

미국의 정신과의사 에릭 번(Eric Berne)이 창안한 교류 분석 (Transactional Analysis)에서는 '인생 각본'이란 개념이 등장합니다. 인생 각본은 어린 시절 무의식적으로 그린 자신의 인생 계획표와 같습니다. 사람들은 이 인생 각본에 따라 살기 위해 성인이 된 뒤에도 부단히 노력합니다. 번은 인생 각본을 '승리자 각본', '평범한 각본', '패배자 각본'으로 구분했는데, 우리가 가장 원하는 것은 승리자 각본입니다.

승리자 각본을 가진 사람은 자신의 목표를 스스로 결정하고 목표를 향해 노력하여 자기실현을 해 나갑니다. 평범한 각본을 가진 사람은 말 그대로 눈에 띌 만한 일 없이 평범하고 무난한 인생을 살아갑니다. 패배자 각본을 가진 사람은 인생의 목표를 달성하지 못하고 일이 잘못되면 책임을 남에게 떠넘깁니다. 이들은 부적응 행동이나 실패를 거듭하는 사람입니다.

불안에서 벗어날 수 있는 길은 긍정적으로 생각을 전환하는 것입니다. 자신이 노력한 만큼 더 나은 미래를 살 수 있고 행복해질 수 있음을 믿는 것이 중요합니다. 불안에서 벗어나기 위해서는 패배자 각본을 승리자 각본으로 바꾸는 노력이 필요하며, 자신의 잘못된 고정관념에서 벗어나야 합니다. '결코, 바라는 일이 이루어질 수 없다.', '항상 이런 일이 왜 나에게 일어나는지 모르겠다.', '일이 끝날 때까지 즐길 수 없다.'라는 패배자 각본을 '일은 순조롭게 잘 진행될 거야.', '비록 안 좋은 일이 일어났지만, 해결책을 세워 잘 처리해 낼 거야.', '일하며 즐거움을 느껴 보자.'와 같은 승리자 각본으로 바꿉시다. 승리자 각본의 자기 암시 글을 만들어 매일 아침, 저녁으로 다섯 번씩 읽어 봅시다. 책상 위나 거실에 자신과 타인을 긍정할 수 있는 글귀를 붙이고 읽어 봅시다.

걱정과 불안은 항상 우리를 그림자처럼 따라다니지만, 이를 어떻게 대처하는지에 따라 인생의 성패가 달라질 수 있습니다. 걱정, 불안으로 사람들을 피하고 술, 마약, 게임 등을 하면서 중독의 늪에 빠져 살 것인가, 그렇지 않으면 슬기로운 해결책을 마련하여 용기를 내어 도전하고 행동할 것인가, 어떤 것을 선택할지는 당신의 몫입니다.

　두려움과 걱정을 피하는 것이 도움이 될 때도 있지만, 그것만이 능사가 아닙니다. 걱정으로 움츠러든 삶을 살 것이 아니라 용기를 내어 도전한다면 지금보다 더 성장할 수 있습니다.

　부모와 자녀 사이의 건강한 관계는 서로의 정서적 안정을 도와 걱정과 불안을 떨치게 합니다. 어린 시절, 부모와 안정적인 애착 관계를 형성하지 못했다 하더라도 실망할 필요는 없습니다. 지금 곁에 있는 친구, 동료처럼 마음이 통하는 사람과 자신이 좋아하고 행복한 일을 하며 마음을 안정시킬 수 있습니다. 지금의 편안하고 즐거운 경험은 과거의 힘든 경험을 상쇄시켜 평온한 마음의 길을 열어 줍니다.

　세상에 불안을 느끼지 않는 사람은 없습니다. 적당한 걱정과 불안은 우리에게 새로운 도전을 하게끔 만들고 성공을 위해 노력하게 합니다. 걱정과 불안은 세상살이에 필수 불가결한 요소입니다. 눈앞에 맹수가 나타났을 때 전혀 불안해하지 않고 도망가지 않는 사람은 살아남지 못할 것입니다.

　걱정과 불안은 앞으로의 일을 준비하고 계획할 수 있게 하는 원동력입니다. 어느 정도의 불안은 우리의 발전과 생존에 긍정적 영향을 미칩니다. 불안이 있기에 우리는 법을 지키고 양심적으로 행동할 수 있는 것입니다. 불안이 어느 정도 높은지, 낮은지가 중요한데 불안의 정도는 마음 훈련으로 얼마든지 조절할 수 있습니다.

무기력한 마음
내려놓기

승현 씨는 디자이너로 10년가량 일해 왔습니다. 회사에서 선임디자이너로 일해 왔지만, 육아휴직 후 퇴사를 고민하고 있습니다. 팀장으로 승진하여 팀을 관리하는 역할을 하고 싶었지만 그 욕구가 충족되지 않았기 때문입니다.

승현 씨가 근무하는 개발팀에는 디자이너와 기획자가 함께 소속되어 있었는데, 주로 운영 기획자가 디자이너에게 업무 지시를 하는 구조였고, 개발 팀장도 매번 기획자 중에서 뽑혔습니다. 그래서 승현 씨는 선임디자이너임에도 불구하고, 개발팀 팀장이 될 수 없었습니다. 개발팀이 디자인팀과 기획팀으로 분리되면 좋겠지만,

관리자들이 팀 분리에 대해서는 전혀 생각하지 않는 듯했습니다.

승현 씨는 점점 업무에 흥미를 잃으며 무기력해졌습니다. 그녀는 회사 일보다는 육아에만 신경을 쓰는 듯했습니다. 회사 생활에서 즐거움이나 보람을 느낄 수 없게 되자 피로감은 예전보다 더 자주 찾아왔고, 퇴근하고 나서 남편에게 짜증 부리는 날이 많아졌습니다. 그녀는 점점 회사 일에 자신감을 잃었습니다.

승현 씨처럼 어떤 일에 만족감을 느끼지 못하고 흥미를 잃어버렸다면 '무기력증'이 아닌지 의심해 봐야 합니다. '무기력'은 에너지가 소진되어 아무것도 할 수 없다고 느끼는 상태를 말합니다. 나 자신이 무기력한지 아는 방법은 변화를 위해 내가 어떠한 행동을 하는지 살펴보면 됩니다. 디자인 일을 하다가 적성에 맞지 않는다고 판단해 기획자로 업무를 바꾸는 사람은 무기력한 사람이 아닙니다. 무기력한 사람은 변화를 위해 새로운 행동을 시도하지 못합니다. 무기력은 업무를 하는 중에 주위 상황에 의해 좌절과 실패 경험이 반복되어 더는 아무것도 할 수 없는 상태일 때 찾아옵니다.

수연 씨는 남편으로 인해 10년 넘게 스트레스를 받아 온몸이 아픕니다. 회사 영업팀에서 근무하는 남편은 일주일에 한두 번은 고객을 상대하느라 새벽에 들어오고 외박도 잦았습니다. 남편은 매달 생활비 50만 원 정도만 건네는 게 다였습니다. 수연 씨가

엄마의 감정 연습 •

가정생활에 충실하지 않은 남편에게 말하는 것도 지쳐 두 사람은 3년 넘게 대화를 하지 않았습니다. 처음에는 수연 씨가 남편에게 가정 일에 협조할 것을 몇 번 요구했지만, 행동이 바뀌지 않아 포기한 것입니다.

요즘 수연 씨는 스트레스로 음식을 잘 먹지 못하고 근육통이 생겨 온종일 누워만 있습니다. 사람을 만나는 것도 귀찮아 전화를 피합니다. 몸에 기운이 없어 운동도 하지 못하고, 죽고 싶다는 생각에 눈물만 흘립니다.

수연 씨처럼 무기력한 상태에서는 부정적 생각에 사로잡히기 쉽고 주체적으로 행동하기가 어렵습니다. 앞서도 말했듯, 삶의 의욕이 떨어져 새로운 행동을 시도하지 못하는 것이 무기력의 큰 특징입니다. 무기력한 사람들은 미래를 불확실하다고 여기며 인간관계를 귀찮아하고 피합니다. 타인과의 교제에 힘쓸 여력이 없어 홀로 지내는 것이 편할 뿐입니다. 에너지가 부족하여 자기관리에도 소홀하기 쉽습니다.

유경 씨는 하루 종일 쏟아지는 졸음에 잠식당한 자신을 발견했습니다. 피곤한 일이 없는데도 몸이 나른해 하루에도 16시간 가까이 잠을 잤습니다. 만사가 귀찮다 보니 집안일이며, 아이 돌보는 일에 소홀했고, 위생에 신경을 쓸 힘조차 없었습니다. 머리를 며칠

동안 감지 않거나 양치질도 귀찮아 며칠을 걸렀습니다. 청소할 힘
이 없어서 집안은 쓰레기로 가득 찼습니다.

무기력할 경우, 늘 잠이 쏟아지고 아침에 일어나기도 어렵습
니다. 집안일이나 업무를 보는 데도 집중력이 떨어져 예전보다 더
많은 시간이 걸립니다. 배고파도 식사를 준비하거나 밖에 나갈 힘
이 없어 끼니를 거르기 일쑤입니다. 예전에 좋아했던 일에도 흥미
가 떨어지고 몸이 무거워 자주 의욕이 떨어집니다. 절망적인 생각
을 주로 하고 과민 반응을 보이며, 갑자기 분노가 치밀어 주체할 수
없는 자신을 발견하게 됩니다. 불면 증세가 나타나기도 하며, 삶의
의미를 찾지 못합니다.

무기력의 늪에 빠지는 이유

무기력은 통제할 수 없는 상황을 경험할 때 찾아와 우리를
우울의 늪에 빠뜨립니다.

2020년, 전 세계적으로 코로나바이러스(COVID-19)가 대유행
하여 사람들은 공포에 떨며 고통스러워했습니다. 전염병이 전 세
계에 퍼지거나 천재지변이 일어날 때 사람들은 자신의 의지로 상
황을 통제할 수 없음을 깨닫고 무기력해집니다. 이러한 무기력한
감정은 오랜 기간 비슷한 상황에 노출되어 학습하며 생깁니다.

엄마의 감정 연습 •

가정, 직장 등에서 통제할 수 없는 상황으로 인해 무기력함을 느껴 상담받는 이가 많습니다. 예를 들어 가정폭력의 피해자, 비정규직 노동자가 있습니다. 집단에서 공감받기를 원하지만, 지속해서 배척과 소외의 대상이 된다면 결국 이해받기를 포기하고 무기력해집니다.

　　자신이 저항해도 그 상황을 통제할 수 없는 경험을 반복해도 무력감을 느낍니다. 자기 자신이 원하는 것을 상대방에게 지속해서 말했으나, 그 말이 무시되고 비난받는 상황이 반복되어 상황을 통제할 수 없을 때 무기력함을 느끼는 것입니다. 혹여나 자신이 상황을 통제할 힘이 생겼다 하더라도 학습된 무력감으로 그 상황에 머물러 있을 뿐, 바꾸려고 시도하지 않습니다.

　　무기력한 사람들의 공통된 특징은 '부정성'입니다. '안 돼. 어차피 안 될 거야.'라는 생각으로 부정적 인지가 형성됩니다. 부정성으로 인해 직접 행동을 시도하지 않습니다. 이들은 통제할 수 없었던 과거 경험 때문에 앞으로도 사건을 통제하기 어렵다고 여깁니다.

　　무기력은 우울, 불안, 분노 등의 부정적 감정을 불러일으켜 몸과 마음을 병들게 만듭니다. 무기력한 사람들은 절망감 속에서 대처 반응이 점차 느려집니다. 무기력을 치료하지 않으면 우울증이 찾아올 수 있고 우울함이 다시 무기력을 불러일으키는 악순환을 반복할 수 있습니다. 그러나 무기력을 극복하면 우울에서 벗어나기도 합니다.

바쁘게 생활하고 있지만 자신도 모르게 찾아오는 무기력증도 있습니다. 항상 여유 없이 바빠 본인과 주위 사람들도 무기력한 상태임을 알아차리지 못합니다. 일반적으로 우리가 알고 있는 무기력증과는 달리 조용히 찾아오므로 스스로 눈치채지 못하곤 합니다.

기간제 수학교사로 수년간 근무한 미진 씨는 시험 평가와 가르치는 일에 회의를 느껴 사서 교사로 전향하고 싶었습니다. 그래서 교육대학원에 진학했는데, 매일 학교에서 근무하고 퇴근하기를 반복하다 보니 임용고시 공부를 아예 하지 못했습니다. 임용 시험에 자주 낙방한 경험이 있어 합격에 대한 꿈도 접었습니다. 그렇게 살다 보니 학교에서 아이들을 가르치는 것이 지겨워 수업 준비도 거의 하지 않고 수업에 임하고 있습니다.

광고회사에 근무하고 있는 아람 씨는 창의적인 아이디어로 상품의 매출을 높인 경력이 많습니다. 그러나 새로운 회사에 이직한 뒤로는 아람 씨가 프로젝트를 추진할 때마다 상사가 반대하여 일을 진행하기 어려웠습니다. 이런 일이 몇 번 반복되자 아람 씨는

엄마의 감정 연습 •

프로젝트를 추진할 생각은 하지 않고 사진 동호회에 가입하여 취미생활에만 몰두했습니다.

위 사례처럼 자신에게 가장 중요한 일이나 업무를 하지 않고 부수적인 일에 몰두하는 것, 집중해야 할 곳에 집중하지 못하는 것도 무기력의 증상입니다. 자신이 해야 할 일에 대한 흥미나 만족이 떨어지고 에너지가 소진되면 이처럼 남모르게 무기력증이 찾아옵니다.

오뚝이는 무기력을 모른다

꿈꿔왔던 일에 회의를 느낀 적이 있나요? 주위 여건으로 인해 원하던 일이 좌절된 때가 있나요? 반복된 실패 경험은 새롭게 시도해도 별 수 없다는 회의적 생각을 가지게 만들겠지요. 그래서 무기력한 사람은 하루하루를 겨우 버틸 뿐입니다. 겨우 타인에게 의존하며 수동적인 삶을 살기도 바쁘지요.

그렇다면 실패 경험으로 자발적으로 행동할 수 없는 무기력증에는 어떻게 대처하면 좋을까요? 먼저, 자신이 무기력을 느끼고 있다는 것을 인식하면 됩니다. 자신의 증상을 인식하면 자신을 게을러졌다고 자책하거나 비난하지 않습니다. 도리어 힘든 자신의 마음을 이해하며, 돌보게 됩니다.

그리고 자신이 통제할 수 있는 일과 없는 일을 구분해 보아야 합니다. 자신이 통제할 수 없는 일은 과감히 내려놓고 통제할 수 있는 일에 노력을 다하는 것이 무기력에서 벗어나는 길입니다. 타인의 마음은 통제할 수 없습니다. 타인에게 원하는 대로 행동하도록 요구한다고 해서 타인을 완전히 조정할 수 없습니다. 통제할 수 없는 일에 초점을 맞추기보다는 자신의 의지로 변화시킬 수 있는 일에 몰두해야 합니다. 과거의 억울했던 경험도 변화시킬 수 없습니다. 되돌리고 싶지만, 과거를 통제할 수 없기에 과감히 내려놓아야 합니다.

더불어 삶의 에너지를 공급하기 위해 맛있는 음식과 편안한 휴식처도 필요합니다. 피로감을 줄일 수 있게 따뜻한 물로 샤워를 하고 마사지로 긴장한 몸을 푸는 것도 좋습니다. 가벼운 조깅이나 걷기 등의 운동은 체력을 회복하게 합니다. 친구와 가족에게 지친 마음을 이야기하며 위로와 공감을 받는다면 힘든 상황을 이겨 낼 힘이 생겨날 것입니다. 스스로 지친 마음을 달래며 마음의 소리에 귀를 기울여 봅시다.

그중 무기력을 극복할 가장 좋은 방법은 실패 경험을 잊고 오뚝이처럼 다시 일어서는 것입니다. 실패했다고 의기소침할 것이 아니라 주체적으로 선택하고 행동하여 다시 삶의 주인공이 되어

보는 일입니다. 원하는 일에 몰두하며 새로운 경험을 만들어 나갈 때 자연스럽게 무기력에서 빠져나올 수 있습니다. 아픔을 극복하고 도전할 수 있는 용기는 우리를 더 성숙하고 단단하게 만들어 줍니다. 인생 뭐 있습니까? 더 활기차고 주체적으로 용기 내 살아 봅시다.

오감을 활용해
우울의 늪에서 빠져나오기

　　가끔 우울하며 외로운 날들이 있습니다. 불현듯 스쳐 지나가는 생각과 기억이 우리를 불안하고 우울하게 만듭니다. 현재에만 집중하기도 짧은 인생인데, 우리는 과거를 반추하며 분노하고 미래를 걱정하며 우울해합니다. 우리나라는 경제협력기구(OECD) 국가 중 자살률 1위로, 우울증을 앓고 있는 사람들이 많습니다.

　　현대인들은 전화, 사회관계망서비스(SNS) 등의 발달된 소통 수단이 있음에도 외로움을 자주 느끼며 우울해합니다. 잦은 만남을 가져도 피상적인 관계일 뿐 마음을 나눌 만한 진정한 친구는 없기 때문이 아닐까요? 외로움이 오래 지속되면 우울감이 몰려옵니다. 타인과 단절되고 고립된 느낌은 자신을 공감해 줄 사람이 없다고도 느끼게 합니다. 이러한 외로운 마음은 결국 우리에게 우울한 마음을 불러들입니다.

보라 씨는 출산하고 매일 반복되는 육아와 일상에 지쳐 웃음을 잃어 갔습니다. 아기와 온종일 씨름하다 보니 머리 감을 시간조차 없고 얼굴은 기미로 가득합니다. 보라 씨는 우울한 하루를 보내며 남편이 집에 돌아올 시간만 손꼽아 기다립니다. 모유 수유를 하면서 가슴은 처지고 배의 튼살은 없어질 기미가 보이지 않습니다. 새벽에도 배고프다고 울부짖는 아기에게 젖을 물릴 때면 '내가 이러고 왜 사나?'란 생각이 들어 하염없는 눈물만 쏟아 냅니다. 그녀는 아기라는 존재가 자신의 인생을 갉아먹는 것 같아 이런 지옥 같은 인생에서 하루빨리 탈출하고만 싶습니다. 산후우울증으로 고생하며 끝이 보이지 않는 육아 스트레스로 고통받는 보라 씨는 온종일 눈물만 흘립니다.

수많은 원인으로 발생하는 우울증

보라 씨처럼 우울한 마음을 안고 상담실을 찾는 사람이 많습니다. 중년의 수미 씨도 마찬가지였습니다. 수미 씨는 치매로 고생하시는 부모님을 돌보느라 하루하루 사는 것이 괴롭습니다. 부모님 부양도 힘든데, 남편이 실직하여 경제적인 문제로 매일 부부 싸움까지 합니다. 극한 스트레스를 받는 수미 씨는 기억력이 떨어져 사소한 일에도 깜박깜박하는 경우가 많습니다. 그녀는 우울한 나날을 보내며 복이 없는 자신의 신세를 한탄합니다.

이 외에도 최근 남편과 헤어져 외롭고 우울하다는 30대 여성, 아이가 아픈 것이 자신의 탓이라며 자책하는 30대 여성, 취업에 계속 실패하여 자신의 능력을 탓하는 40대 가장, 부동산 부자로 매달 월세로 수입만 천만 원 이상 벌지만, 인생이 지루하고 우울하다며 공허한 마음을 술로 채우는 50대 남성, 젊었던 시절을 회상하며 자신의 잘못을 한탄하는 70대 여성이 있었습니다. 우울한 마음은 같았지만 우울한 이유는 사람마다 가지각색으로 달랐습니다.

반면에 힘들고 괴로운 일이 없는데도 우울증에 걸리는 사람들이 있습니다. 일이 잘 풀리고 좋은 일만 가득한데 우울증이 생기는 경우입니다. 이는 '내인성 우울증'으로 진단할 수 있습니다. 내인성 우울증은 세로토닌, 노르아드레날린, 도파민처럼 감정을 조절하는 신경전달물질이 부족하여 나타납니다. 이런 경우 신경전달물질이 정상적으로 생성되면 우울증은 호전됩니다.

신체가 멀쩡한 사람이 우울증에 걸렸다고 아무것도 하지 않고 있을 때 답답해하며 그 사람을 비난한 적이 있습니까? 우리는 힘

엄마의 감정 연습 •

든 일을 겪어 보지 않고 너무 편하게 살아서 정신 상태가 나약해진 것이라며 우울해하는 사람에게 공감하지 못할 때도 있습니다. 그러나 우울증은 아무런 이유 없이 찾아올 수 있기에 우울한 사람을 비난하거나 질책해서는 안 됩니다.

대다수 사람은 '우울함'과 '우울증'을 어떻게 구분하는지 몰라 헷갈립니다. '우울증'은 분명한 이유 없이 2주 이상 지나치게 우울한 양상을 띱니다. 또한, 대인관계를 회피하거나 관계를 유지하기 어렵고 사회적인 역할을 제대로 수행하기 어렵습니다. 그럴 때 우울증을 의심해 보아야 합니다.

그에 반해 우울한 감정을 느끼는 분명한 이유가 있다면 우울함이라고 보면 됩니다. 예를 들어 직장에서 권고사직을 당했거나 아이가 아파 병원에 입원했거나 남편이 사고로 세상을 떠났다면, 누구나 우울할 수밖에 없습니다. 단, 우울한 이유가 분명하더라도 우울한 마음이 오래가며 일상생활을 제대로 하지 못한다면 우울증일 수 있습니다.

그럼 우울할 때 어떻게 하면 몸과 마음을 안정시킬 수 있을까요? 다음에서는 오감을 활용하여 우울한 상태를 해소하는 방법을 소개하겠습니다.

오감을 활용한 우울감 벗어나기

여름보다 일조량이 줄어드는 겨울에 우울해하는 사람들이 더 많습니다. 추운 한대지역에 살면 일조량이 적어 우울증이 많이 나타납니다. 한 연구 결과에 의하면, 햇빛을 충분히 쬐면 우울한 상태가 개선된다고 합니다. 일주일 내내 구름이 끼고 흐린 지역에 살고 있다면 햇빛을 충분히 쬐는 방법을 찾아보는 일이 도움이 됩니다.

심리학자들은 형광등에 태양광의 자외선을 넣어 그 빛을 쬐어 주면 우울증 치료에 도움이 되는 것을 발견했습니다. 햇볕을 충분히 쬔 아이들은 활발하게 움직이며 대인관계도 적극적이지만 빛이 부족한 경우 우울, 불안, 두통, 피로를 자주 느낀다고 합니다. 그러니 어두운 방에서 우울해하지 말고 밖으로 나와 충분히 햇빛을 쬐십시오. 그 간단한 행위만으로도 마음이 치유되고 삶의 의욕이 되살아날 것입니다.

우울감을 해소하는 데는 걷기, 달리기, 자전거 타기, 수영과 같은 가벼운 운동도 도움이 됩니다. 상담실에서 우울감을 호소하는 내담자를 만날 때면 집 앞 산책로나 거리를 20~30분 정도 걸어보기를 권합니다. 어떤 분은 "많이 걷다 보면 기분이 좋아져서 매일 1~2시간 거리를 걸어요."라고 말합니다. 좋은 현상입니다. 우울한 기분을 날려 보내는 데 무작정 걷기만큼 좋은 운동도 없습니다.

가벼운 운동은 마음을 여유롭게 만들고 스트레스에서 벗어나게 하고 삶에 활력을 제공해 줍니다. 아이가 시험 공부를 할 때 가벼운 운동 후에 공부하면 집중력이 높아져 성적 향상에도 도움을 받습니다.

또, 색깔을 이용해 마음의 건강을 도모할 수 있습니다. 색깔에 따라 우리가 느끼는 감정도 달라집니다. 빨간색은 열정과 즐거움을 느끼게 만드는 강렬한 색상입니다. 흙이나 식물과 같은 자연과 유사한 색상, 부드러운 색상은 우울을 해소하는 데 도움이 됩니다.

우울한 사람, 정서적인 안정을 찾고 싶은 사람은 자주 사용하는 공간을 흰색, 베이지색, 노란색, 푸른색, 초록색 등과 같은 자연의 색상, 부드러운 색상으로 꾸며 보길 바랍니다. 이러한 자연색은 마음을 평온하게 만들어 심신을 안정시킬 수 있습니다. 제가 일하는 상담실도 내담자들에게 안정감을 주기 위해 벽면을 흰색, 베이지색, 연한 초록색으로 꾸몄습니다. 반면에 주황색, 보라색, 빨간색과 같은 밝고 강렬한 색상은 오랫동안 바라보면 스트레스 지수가 높아지기 때문에 자주 이용하는 공간 전체를 이러한 색상으로 꾸미지 않는 것이 좋습니다.

다음으로 좋아하는 냄새로 기분을 밝게 전환할 수 있습니다. 시원한 바다 냄새, 향기로운 꽃 냄새, 흙 냄새와 같은 자연에서 느껴지는 냄새는 우리의 피로를 풀어 주고 우울한 마음을 치유합니다. 다만, 자연의 냄새 중 개인적으로 싫어하는 냄새는 부정적 감정을 불러일으킬 수 있으니 자신의 기호에 맞는 냄새를 음미하며 즐겨 보는 것이 좋습니다.

거실에 화분이나 꽃병을 두어 꽃향기를 가까이하는 것도 좋습니다. 어떤 사람은 라일락 향은 무척 좋아하지만, 아카시아 향은 싫어합니다. 이럴 땐 라일락을 집이나 직장에 두고 향을 자주 맡거나 라일락 향수를 사용하면 기분을 전환하는 데 도움이 됩니다. 자신이 선호하는 향이나 자연의 냄새로 긍정적 기분을 만끽해 봅시다. 꼭 자연의 냄새가 아니더라도 평상시에 좋아하는 커피 향, 아로마 향 등을 가까이 해 보십시오.

주말에 산이나 들, 바닷가로 나가 자연을 가까이하는 것만으로도 마음이 자연스레 치유됩니다. 여름 휴가 때 가평으로 가족 여행을 떠난 적이 있습니다. 향기로운 자연의 냄새와 신선한 바람, 따뜻한 햇볕은 도시에서 지친 몸과 마음을 회복시켜 주었습니다. 자연의 따뜻한 햇볕과 피톤치드는 행복감을 전해 주는 명약과도 같았습니다. 강릉이나 동해안 등 가까운 곳으로 사랑하는 가족과 함께 여행을 떠나 바다 냄새와 파도 소리를 만끽합시다. 가벼운 산책을 하며 바닷가 풍경을 감상하는 것만으로도 몸과 마음이 건강해짐을 느낄 수 있습니다.

좋아하는 음악이나 소리로 우울한 마음을 해소할 수 있습니다. 부드럽고 따뜻한 멜로디의 음악은 복잡한 마음을 편안하게 만

엄마의 감정 연습 •

들어 줍니다. 새가 지저귀는 소리, 시냇물이 흐르는 소리, 파도 소리와 같은 자연의 소리는 사람의 마음을 치유하는 데 종종 사용됩니다. 저도 예전에 시험 공부를 할 때 마음이 힘들 때면 자연의 소리를 담은 앱을 내려받아 듣고는 했습니다. 그러면 신기하게도 어느새 마음이 안정되고 공부에 집중도 더 잘 되었습니다.

병원에 방문하면 잔잔한 멜로디의 클래식 음악이 나오는 것도 환자의 긴장한 마음을 안정시키고 평온하게 만들기 위해서입니다. 어떤 분은 크리스마스 캐럴을 들으면 즐거워진다며 12월 쯤에는 스타벅스 카페에서 크리스마스 캐럴을 들으며 커피를 즐겨 마셨습니다. 이처럼 자신이 좋아하는 음악과 소리를 이용하여 스스로 기분을 바꿀 수 있습니다.

음식을 통해서도 우울을 해소할 수 있습니다. 계란, 고기, 생선과 같은 고단백 음식이나 견과류, 땅콩, 채소에는 아미노산이 풍부합니다. 이러한 식품은 세로토닌 생성을 촉진하여 평온함을 느끼게 하고 우울을 해소하는 데 도움을 줍니다. 단백질 음식을 섭취한 후 쌀, 면, 곡물, 과일, 설탕과 같은 탄수화물이 함유된 음식을 섭취한다면 세로토닌 생성에 더 효과적입니다.

우울한 날이면 저는 저녁 식사로 고등어구이, 삼겹살, 밥으로 양껏 배를 채웁니다. 고단백 식품과 탄수화물을 섭취하면 우울했던 기분도 어느새 사라집니다. 간식으로 아몬드, 호두와 같은 견과류를 즐겨 먹는 습관도 긍정적 기분을 느끼게 합니다. 우울증에 관한 연구 결과, 우울증에 걸린 사람은 비타민 B12가 부족하므로 가다랑어, 굴, 소간, 대합과 같은 B12가 다량 함유된 음식을 섭취하면 우울증 개선에 도움이 된다고 합니다. 음식으로 비타민을 먹는 것이 가장 좋지만, 음식만으로 충분한 비타민을 먹기 어려울 경우가 많으므로 비타민제를 복용하는 것도 좋습니다.

여자들은 슬픈 감정이 밀려오면 무언가를 먹음으로써 텅 빈 마음을 채우려 하는 경향이 있습니다. 과식이나 폭식을 하면 속도 더부룩해지고 장기적으로는 체중도 증가해서 자신감이 떨어질 수 있습니다. 음식에 대한 자제력을 잃고 습관적으로 과식이나 폭식을 하는 것은 우울감 해소에 전혀 도움이 되지 않습니다.

이 외에도 껌을 씹는 행위만으로 세로토닌 생성을 촉진하고 긴장감을 풀어 주어 기분을 좋게 만든다는 연구가 있습니다. 껌을 사 두고 종종 씹어 보는 것도 기분 전환에 도움이 되지 않을까 싶습니다.

부정적 감정에
정지 신호를 보내라

우울한 감정은 주위에 빠르게 전염됩니다. 우울한 감정뿐만 아니라 어떠한 감정도 주위 사람들에게 쉽게 영향을 미칩니다. 예를 들어 푸념을 자주 늘어놓고 우울해하는 친구와 통화를 한다고 합시다. 한 시간가량 그 친구의 우울한 말을 들어 주고 나면 듣는 사람 역시 의기소침해지고 우울한 감정을 느끼게 됩니다. 상대방의 우울한 감정이 전달되어 함께 부정적 감정을 느끼는 것입니다. 이는 상대방의 감정에 공감하는 것이 사람의 본능이기 때문입니다. 우울한 친구 옆에 있으면 자신도 모르게 침울해지는 이유가 바로 여기에 있습니다.

부정적 생각은 반복할수록 우울해집니다. '그때 남편이 그렇게 많은 돈을 왜 탕진했을까?', '시누이가 나를 괴롭히는 이유가 뭘까?', '그때 바보처럼 왜 반박하지 못했을까?'라는 과거에 관한 생각이 꼬리를 물고 자신을 괴롭힙니다. 우울한 사람일수록 괴로운 생각을 곱씹는 경향이 강합니다.

부정적 마음 vs 긍정적 마음

우울한 감정에서 벗어나는 방법은 긍정적으로 사고하는 습관에 있습니다. 어떤 일이 생겼을 때 원인과 결과에 대해 비관적으로 생각하는 사람과 긍정적으로 생각하는 사람은 그 일에 대한 감정, 행동, 결과에서 큰 차이를 보입니다. 가령, 과소비가 심한 사람이 두 달 전부터 돈을 아껴 쓰기로 결심했는데, 백화점에서 비싸고 예쁜 옷을 보고 그만 충동적으로 샀다고 합시다. 자신의 이러한 행동에 대해 비관적인 믿음을 가진다면 다음과 같이 생각할 수 있습니다.

'돈을 아껴 쓰기로 했는데 비싼 옷을 샀구나. 두 달 동안 절약했던 노력이 물거품이 됐어. 나는 너무 충동적이고 의지가 약해. 난 뭘 해도 끝까지 해내지 못할 거야.'

이와는 반대로 긍정적 믿음을 가진다면 다음과 같이 생각할

엄마의 감정 연습 •

수 있습니다.

'자제력을 잃고 돈을 많이 썼지만 어쩔 수 없었어. 면접에 입고 가야 할 옷이 필요하기는 하니까. 어제 30만 원 넘게 썼으니 앞으로 한 달 동안 필요한 물건 말고는 사지 말고 아껴 쓰자. 한 달 동안 30만 원 이상 지출을 줄인다면 다시 저축할 수 있어.'

상황을 어떻게 받아들이느냐에 따라서 결과는 달라집니다. 긍정적으로 생각하는 사람은 지속해서 돈을 아껴 쓰는 노력을 할 것이고 비관적으로 생각하는 사람은 돈을 아껴 쓰기를 포기하며 우울하고 무기력한 삶을 살아나가게 됩니다.

또 다른 예로 중학교 3학년 아들을 키우는 부모를 봅시다. 부모는 아이가 지난 기말 시험을 반에서 꼴등을 하는 바람에 큰 충격을 받았습니다. 잘 가르치는 과외 선생을 붙여 성적을 올리기 위해 애썼지만, 성적이 신통치 않습니다. 이럴 때 엄마가 비관적인 믿음을 가진다면 '우리 아이는 머리가 나쁜 거야. 과외를 시켜도 꼴찌 수준인데, 포기하자. 내가 시킨다고 될 아이가 아니야.'라고 단정 지어 생각해 버릴 것입니다.

이와 반대로 긍정적 믿음으로 상황을 바라본다면 '아이가 이번에 좋지 않은 점수를 받아 실망스러웠지만, 아이에게 어떤 것이 힘들었는지, 바라는 것이 무엇인지 대화하는 시간을 가져 보면 도움이 될 것 같아. 아이의 공부 방법에 대한 부분도 함께 이야기해 보면서 말이야. 아이도 이번에 시험을 보고 크게 실망한 것 같은데, 머리라도 한번 쓰다듬어 주고, 앞으로 잘 할 수 있도록 격려해 줘야 겠어.'라고 생각하며 아이를 믿고 기다려 줄 수 있을 것입니다.

긍정적으로 생각하는 연습

부정성을 긍정성으로 한순간에 바꾸기는 쉽지 않습니다. 왜 냐하면 뇌는 익숙한 것을 좋아하기 때문입니다. 똑같은 일을 경험 해도 어떤 사람은 불안하고 어떤 사람은 우울하며, 또 다른 이는 행 복할 수 있습니다. 또 누군가는 화가 먼저 날 것입니다.

우울함이 습관화된 사람은 매일 우울한 일들을 경험합니다. 그러면서 주위 상황으로 인해 우울할 수밖에 없다고 자신을 합리 화합니다. 이렇게 느끼는 이유는 뇌가 우울한 감정에 큰 비중을 두 고 그 느낌을 확대해서 받아들이기 때문입니다. 이에 반해 고마움 을 자주 느끼는 사람은 매일 고마운 일들로 가득하다고 말합니다. 이렇듯 감정도 습관적으로 나타나는 것이기에 자신의 '감정 습관' 을 자주 들여다볼 필요가 있습니다.

부정적 생각을 곱씹는 습관이 있다면 그러한 생각을 멈추는 연습을 해야 합니다. 괴로운 생각이 떠오를 때면 '부정적 생각이 떠오르는구나. 여기서 멈추자.'라고 단호하게 생각을 멈춰 봅시다. 괴로운 생각을 떠올릴수록 괴로움이 이어질 뿐 명쾌한 해답을 얻을 수는 없습니다.

삶을 긍정적이고 낙관적으로 바라봄으로써 우울을 해소할 수 있습니다. 아이가 아프거나 남편이 실직하는 것과 같은 복잡하고 어려운 일들을 겪었을 때 긍정적 마음을 가지는 것이 중요합니다. 가족이 행복해하면 함께 행복한 감정을 느낍니다.

밝은 모습을 자주 보이는 친구 곁에는 사람이 모이고 즐거운 일이 떠나지 않습니다. 곤경 속에서도 희망적인 생각을 잃지 않으면 순조롭게 인생을 살 수 있습니다. 마음속에 희망을 품으면 힘든 상황을 이겨 내기 위해 더 노력하고 인내합니다. 자기 자신을 비하하며 열등감, 무력감, 공허감을 느끼는 것도 자신의 능력을 과대평가하여 오만한 행동을 일삼는 것도 현명한 대처 방식이 아닙니다. 자신을 제대로 인식하고 목표를 향해 나아갈 때 삶의 즐거움과 행복을 느낄 수 있습니다.

열등감에 맞서는
용기를 가져라

"어릴 적부터 언니는 매번 반에서 1등을 해서 부모님한테 칭찬을 받았어요. 그런데 저는 공부에는 관심이 없고 미술을 좋아해서 그림 그리는 것을 좋아했어요. 엄마는 항상 언니와 저를 비교하면서 언니처럼 공부를 열심히 해 보라고 말씀하셨어요. 너는 뭐하나 똑 부러지게 하는 것이 없다고…. 언니를 보고 배우라고…. 항상 언니와 비교당하는 제가 너무 초라해 보이고 부끄러웠어요."

어릴 적에 부모님이나 주위 사람들로부터 타인과 자신을 비교하는 말을 한 번쯤은 들어 보았을 것입니다. 막상 잘나가는 다른 사람과 내가 비교되는 경험을 하면 속상하고 괴로운 마음, 열등감이 생깁니다. 위 사례에서 언니는 매번 반에서 1등을 해서 세상에서 가장 멋진 사람처럼 보이고, 자신은 실제보다 더 초라하고 보잘것없는 사람으로 느끼는 잘못된 감정을 살펴볼 수 있습니다. 이는 객관적인 잣대가 아닌 주관적인 잣대로 현상을 바라보는 비교로, 상대방은 더 크고 멋진 사람으로 보이지만, 나는 실제보다 더 못난 사람으로 생각하게 됩니다.

살아가면서 열등감을 느껴 보지 않은 사람은 거의 없을 것입니다. 열등감은 삶에서 종종 느끼는 감정이며, 더 나은 나로 성장할 수 있는 계기가 되기도 합니다.

반면에 누군가는 열등감을 느껴 타인을 해치며 자신과 타인의 삶을 파멸로 이끌기도 합니다. 내가 남보다 못하다는 생각이 들 때 마음속에 열등감이 생겨나 무엇보다 자신에게 고통을 안겨 준다는 사실을 모릅니다. 내가 무언가를 잘하지 못하는 것은 큰 문제가 되지 않지만, 상대방과 비교될 때가 문제입니다. 열등감은 비교 대상이 있을 때 나타나는 감정입니다.

열등감은 상대방보다 못하다는 생각이 들 때 나타나는 감정입니다. 옆집 아이가 우리 아이보다 공부를 훨씬 잘해 속상하다는 생각, 외모가 남들보다 좋지 않아 취업이 안된다는 생각, 이혼했기 때문에 사람들이 부정적으로 볼 거라는 생각, 어린 시절에 방탕하게 놀았던 경험 때문에 연예인이 될 수 없다는 생각 등은 열등감에서 비롯됩니다. 이러한 열등감은 자신이 부족한 사람이라는 생각과 연결되어 자존감을 떨어뜨립니다. 자신의 부족함으로 인해 세상에서 억울함과 피해를 본다고 느낍니다. 열등감을 가지면 만사가 귀찮아지고 의기소침해지며 남 탓을 자주 합니다. 열등감을 숨기려 하면 할수록 더 큰 오해가 쌓입니다.

피해의식이 만든 열등감의 민낯

오스트리아의 정신의학자 알프레드 아들러(Alfred Adler)는 개인심리학에서 열등감은 정상적인 감정이며 성장을 위한 필수 요소라고 보았습니다. 그는 열등감의 긍정적 측면을 강조하며 열등감으로 인간은 성장하고 자기실현을 이룰 수 있다고 했습니다. 그러나 열등감이 지나치면 사회적인 관심이 줄어들고 삶의 에너지가 부족해져 융통성이 없고 독단적인 신경증적 증상이 나타날 수 있음을 경고했습니다. 아동기의 부모와 자녀 관계가 열등감과 연결된다고 보았으며, 열등감은 신체적인 열등감, 과보호, 양육 태만에서 비롯된다고 했습니다.

신체적인 열등감은 자신의 외모가 어떠한지, 몸이 건강한지에 대한 자기 생각과 관련됩니다. 또한 부모가 아이를 과보호하며 키웠을 때, 아이는 언제나 타인이 자신의 욕구를 충족시켜 주리라 생각하여 자신을 무력한 존재로 느낍니다. 성장하면서 자신감이 떨어지고 힘든 상황에 빠질 때면 무기력과 열등감을 느낍니다. 더불어 부모가 자녀의 양육에 관심이 없거나 태만한 태도를 보이면 아이는 자신을 세상에서 필요 없는 존재로 느낍니다. 결국 열등감으로 이어져 아이가 삶의 문제를 회피하는 지경에 이릅니다.

자신보다 예쁘고 매력적인 사람을 보았을 때 외모에 대한 열등감을 느끼는 사람도 있습니다. 이런 분들은 자신의 얼굴과 체형이 만족스럽지 못할 때 자신감이 떨어지고 외모에 대한 불만이 자기비하로 이어집니다. 하지만 외모에 대한 열등감을 가진다고 하더라도 그것을 어떻게 다스리느냐에 따라 삶은 달라집니다. 멋지고 매력적인 사람처럼 외모를 가꾸기도 하고, 옷 입는 스타일을 비슷하게 코디하여 좀 더 괜찮은 나로 성장할 수 있습니다. 이렇게 외모를 가꾸려고 노력하는 과정에서 삶의 활력이 생기고 '나도 이런 옷을 입으니 얼굴이 더 환해 보이네.', '나도 매력적인 사람이구나.'라고 자신을 긍정할 수 있는 기회가 생깁니다.

반면에 멋진 사람을 보았을 때, 시기와 질투, 열등감에 빠져 상대방의 단점만 찾아내려는 사람도 있습니다. 이런 사람은 완벽해 보이는 사람의 허점을 공격하기 위해 자신이 가진 것을 뽐내는 사람에 속합니다.

　　외모에 대한 질투와 열등감은 여성에게서 좀 더 확연히 나타납니다. 멋지고 매력적인 여성에게 외모 열등감을 느끼는 여성은 "여기 패션쇼 하러 왔어? 몸매 자랑하러 온 거야?"라고 비아냥거리는 말을 하기도 합니다. 심하면 열등감을 느끼게 만드는 사람에 대해 말도 안되는 험담을 하며 다른 사람들에게 헛소문을 퍼뜨리는 사람도 있습니다.

　　어떤 사람은 평상시에는 조용하고 성실한데, 술만 마시면 열등감을 드러내기도 합니다. 술을 마신 날, 상사에게 전화해서 "당신이 뭐가 그리 잘났어?"라고 따지고, 아내에게도 "당신이 뭔데 나를 무시해?"라며 따지듯 말합니다. 마음속 깊이 숨겨 두었던 열등감이 술을 마시면 행동으로 드러나는 것입니다. 술이 깨면 자신의 행동을 후회하며 상대방에게 사과하지만, 이미 타인에게 신뢰감을 잃고 자신의 이미지에 큰 타격을 입은 상태이지요.

　　가정에서 자신의 부모가 폭력을 행사하는 장면을 자주 목격했거나 학대를 당하며 살아온 사람의 경우 그에 대한 피해의식으로 열등감이 나타날 수 있습니다. 이러한 열등감은 약자에게 폭력을 행사하거나 한 가정을 이루어 부모가 되었을 때 나보다 약한 자식을 때리며 보상받고자 하는 행동으로 나타납니다.

　　　　　　　　　　　　　　　　　　　　　엄마의 감정 연습 •

열등감을 인정하고 수용하기

위대한 위인 중에서도 열등감에 시달린 사람들은 많습니다. 뛰어난 문학가인 셰익스피어는 대학 교육을 받지 못해 사람들로부터 문학가로 인정받지 못했고, 자신도 학력에 대한 열등감을 갖게 되었습니다. 또한 유럽을 지배했던 나폴레옹은 키가 너무 작아 열등감을 가지고 있었습니다. 세계적 음악가 베토벤도 주정뱅이 아버지, 가난한 집안 때문에 열등감이 심했습니다. 철학자 아리스토텔레스는 그리스에서 활동했지만 야만인의 나라로 불렸던 마케토니아 출신으로서 사회적인 열등감이 있었습니다. 그럼에도 불구하고 이들은 열등감을 승화하여 위대한 업적을 남겼습니다.

세상에 열등감에서 자유로운 사람은 없습니다. 삶에서 열등감을 인정하지 않고 숨기면 숨길수록 자신이 없어지고, 타인과 소통하는 데도 문제가 생깁니다. 열등감이 심각하면 자신과 타인의 삶을 송두리째 파괴합니다. 마음속에 열등감을 꼭꼭 숨겨 놓고 감출 것이 아니라 차라리 자연스레 꺼내는 편이 낫습니다. 열등감을 세상에 꺼내면 그때부터는 자신에게 의미 있는 감정이 되지 못하기 때문입니다.

열등감은 자신과 타인을 비교하는 마음에서 비롯되었기에 상대방과 비교하지 않으면 사라집니다. 이 세상에 귀하거나 쓸모 없는 것이라는 잣대는 주관적인 판단일 뿐입니다. 좋고 나쁨은 개인마다 다르게 느낄 수 있는 감정입니다. 내가 느끼는 열등감은 타인에게는 큰 의미가 없으며 상대방은 나의 열등감에 대해 별 관심도 없습니다. 나만의 감정에 사로잡혀 힘들어 하지 말고 열등감을 성장하기 위한 강한 에너지로 활용하기를 권합니다.

열등감을 부정하기보다는 '내가 이러한 감정을 느끼는구나.'라며 자신의 감정을 받아들이고 이해하십시오. 자신의 감정을 수용하고 극복해 나가려는 마음을 가질 때 열등감은 서서히 사라져 갑니다. 열등감을 극복하기 위해서는 열등감이라는 감정을 두려워하기보다는 대면하려는 의지가 중요합니다. 스스로를 믿고 용기를 낸다면 이 세상에 못 이겨 낼 일은 없다고 믿습니다.

엄마의 감정 연습 •

분노는 처리할 수 있는
감정이다

　사람은 살다 보면 화를 낼 때가 있습니다. 당연한 감정의 표현입니다. 그런데 화를 자주 내면 우리의 몸은 스트레스 호르몬에 노출되어 건강에 부정적 영향을 받습니다. 미국 하버드대학 보건대학원에서 스트레스와 건강의 관련성에 관해 연구한 결과, 높은 수준의 스트레스는 건강에 치명적인 영향을 미치며 심장마비, 뇌졸중의 위험도 높인다고 합니다. 화를 자주 내면 신체의 면역 기능이 떨어지고 각종 질병에 노출되는 것입니다.

　화를 자주 내는 사람은 화를 덜 내는 사람에 비해 혈관성 질환에 노출되어 혈관이 막히거나 터져서 사망할 확률이 3배 이상 높습니다. 또 동맥의 혈압이 높아지고 혈관이 손상되거나 혈전증이 빈번하게 나타납니다. 과거의 억울하고 분한 일을 떠올리면 전두엽에 혈액이 제대로 공급되지 않아 뇌세포의 손상을 일으키고 뇌기능을 떨어뜨립니다. 게다가 세포 노화를 촉진하며 우울증, 폭식증, 거식증, 불안증 등에 시달리게 됩니다.

분노의 다양한 얼굴

사람이 화가 났을 때 보이는 반응은 다양합니다. 크게 네 가지로 나눌 수 있습니다.

첫째, 화를 있는 그대로 표출하는 유형입니다. 부부 싸움 중 남편과 대화가 통하지 않는다고 느낀 아내가 화를 참지 못하고 핸드폰이나 주위에 있는 물건을 집어 던지는 사례입니다. 아이가 말을 계속 듣지 않고 딴청을 피우자, 화가 난 엄마는 아이에게 고함을 지르기도 합니다. 남편이 아내가 말을 듣지 않는다는 이유로 분노를 참지 못하고 아내에게 심한 말을 퍼붓는 사례도 있습니다.

화를 공격적으로 표출하는 사람은 극한 상황에서 동물이 보이는 '투쟁 반응'과 유사한 반응을 가집니다. 투쟁 반응은 도망쳐도 위험한 상황을 피할 수 없을 때, 생존하기 위한 최후의 방법으로 싸우는 것을 택하는 것을 말합니다. 화를 조절하지 못하고 상대방에

엄마의 감정 연습 •

게 있는 그대로 표출하면 관계를 악화시킬 뿐만 아니라 자신의 행동에 죄책감을 느끼게 만듭니다.

둘째, 다른 사람에게 화풀이하는 유형입니다. 나보다 강하고 지위가 높은 사람에게 화가 났지만, 그 대상에게 대놓고 화를 내기는 어려우므로 약해 보이는 친구나 아이에게 화를 터뜨립니다. "너 말투가 왜 그래. 엄마가 그런 식으로 말하지 말라고 했잖아."라며 아이에게 잘못이 있다는 듯 화풀이하는 엄마의 사례도 있습니다. 회사에서 상사로 인해 화가 났지만 퇴근해서 남편에게 트집을 잡으며 화풀이하는 것도 같은 경우입니다.

셋째, 화를 억압하는 유형입니다. 화나도 그 감정을 가슴속에 꼭꼭 억눌러 상대방에게 표현하지 않습니다. 그들은 분노의 감정을 쌓아둔 채 해결하지 못하여 몸과 마음이 병듭니다. 화병이 생기고 수면장애, 식욕부진, 폭식증, 거식증, 우울증 등의 증상을 겪습니다. 이는 화를 억압하는 일이 건강에 얼마나 부정적 영향을 주는지 단적으로 보여줍니다.

화가 났을 때 상대방에게 분노를 표현하지 않는 이유는 상대방이 자신의 화난 감정을 알게 되는 것이 두렵고 걱정스럽기 때문입니다. 화를 내는 것은 성숙하지 못하다고 생각하여 표현하지 않는 경우가 많습니다. 화가 난 어떤 사람은 교묘하게 대화를 방해하거나 실수를 연발하여 일을 망치게 만듭니다. 또한 상대방에 대한 험담을 흘리고 다니며 상대방을 뒤에서 깎아내리기도 합니다.

　마지막으로, 화를 적당히 조절하며 사는 유형입니다. 이 유형은 화를 있는 그대로 표출하지 않고 마음을 다스릴 줄 압니다. 상대방이 왜 그런 행동을 했는지 이유를 생각해 보고 '그럴 만한 이유가 있었겠지.'라고 상대방을 이해하며 화를 조절합니다. 화를 억지로 참기보다는 건강하게 표현합니다. 화를 조절할 줄 알면 몸과 마음의 건강에 매우 도움이 됩니다.

화났을 때도 건강하게 감정 표현하기

　화를 있는 그대로 표출하거나 억압하는 일, 다른 사람에게 화풀이하는 일 모두 건강한 감정 표현 방식이 아닙니다. 화를 적당히 조절하며 살아야 삶이 건강해집니다. 살아가면서 화나는 감정을 피할 수는 없지만, 건강한 인생을 살기 위해서는 화를 다스리는 일이 필요합니다. 보통 때에는 화를 잘 조절하는데 특별한 상황에서는 그렇지 못한 사람의 사례를 살펴봅시다.

　나연 씨는 배고픔을 무척 참기 힘들어합니다. 식사시간이 되어 배고픈데 밥을 먹지 못하면 심하게 짜증을 내며 화를 냅니다. 아기였을 때 배고파 울부짖어도 엄마가 제때 우유를 주지 않았다면 배고픔에 더욱 예민할 수 있습니다. 나연 씨는 어린 시절의 배고팠던 고통과 상처가 마음속 깊이 자리 잡아 성인이 된 이후에도 배고플 때마다 심하게 화를 냈던 것입니다. 말하자면 성인이 된 뒤에도 어린 시절의 상처가 고스란히 잠재의식에 남아 있어 비슷한 일을 겪으면 과거의 아팠던 감정이 불쑥 튀어나오는 것과 같습니다.

사람마다 좋아하는 것이 다르듯 화를 내는 상황도 제각각입니다. 다양한 화의 모습을 살펴봅시다.

세훈 씨는 식사 후 음식을 냉장고에 빨리 넣지 않으면 무척 화를 냅니다. 음식이 금방 상할 것이라는 생각에 항상 아내를 재촉하며 닦달합니다. 태훈 씨는 잠을 깨우면 무척 화를 내고 짜증을 냅니다. 시연 씨는 누군가 자신의 팔을 잡거나 옷깃을 잡아당길 때 극도로 화를 내며 싫어합니다.

만약 자신이 화나는 특별한 지점에 대해 상대방에게 미리 알려 준다면 심하게 화를 내는 상황은 상당히 줄어들 것입니다. 그러면 안 좋은 상황을 미리 피하고 모두가 화목해지는 방법을 선택할 수 있습니다.

화났을 때 먼저 '내가 화났구나.'라고 자신의 감정을 인식할 수 있어야 화도 조절할 수 있습니다. 감정 조절이 어려운 것이 문제라면 자신의 감정을 알아차리려고 노력하는 것만으로도 감정을 다스릴 수 있습니다. 자신이 어떤 감정을 느끼는지 관찰하다 보면 전두엽의 기능이 활성화되어 감정 조절이 쉬워집니다. 자신의 감정을 알아차리면 상대방의 감정, 생각, 상황에 대해 살펴볼 마음의 여유가 생깁니다. 또한, 감정을 정확히 알아차릴수록 자신의 욕구도 분명하게 알 수 있습니다.

숨을 길게 내쉬며 나의 현재 감정, 사고, 감각에 집중해 봅시다. 이때 내가 원하는 것이 무엇인지 분명히 알아차리고, 나의 욕구를 제대로 표현하는 것이 중요합니다. 마음이 안정되었다 싶으면 다음과 같이 상대방에게 나를 주어로 감정과 욕구를 표현해 봅시다. "나는 당신의 ~행동으로 인해 화가 났어요. 당신이 ~해 주었으면 좋겠어요."와 같이 말해 봅시다. 감정과 욕구를 말로 표현하면 상대방이 마음을 정확히 이해하고, 공감할 수 있습니다. 그러면 의사소통이 원활해지고 관계도 좋아지겠지요.

그렇게 화나는 감정을 알아차리면 화는 쉽게 조절됩니다. 분노 조절이 되지 않는 이유는 분노를 인식하기 어렵기 때문입니다. 만약, 화를 조절하기 어려운 상태라면 우선 그 자리를 피합니다. 자리를 옮겨 산책하거나 노래를 부르거나 춤을 추거나 해서 마음의

엄마의 감정 연습 •

안정을 찾아봅시다. 자리를 피해 마음이 평온해지면 상대방의 행동을 되짚어 볼 여력이 생기고 좀 전에 화가 났던 상황이 이해될 수도 있습니다.

지수 씨는 남편의 공격적인 말투에 화가 났습니다. 남편에게 당장 전화를 걸어 왜 그렇게 말했는지 따지고 싶었습니다. 그렇지만 지수 씨는 자신이 화가 심하게 난 것을 알아차리고 오늘은 어떤 행동도 하지 않기로 했습니다. 화가 났을 때 바로 행동하는 것은 서로에게 도움이 되지 않다는 것을 알았습니다. 이성적인 판단이 흐려진 상태에서는 공격적인 말과 충동적인 행동이 거침없이 나오므로 상대방에게 실수하기 쉽습니다. 따라서 지수 씨처럼 화가 가라앉은 뒤, 이성적인 사고가 가능할 때 올바른 결정과 판단을 하는 것이 좋겠습니다.

화를 잠재울 수 있는 또 다른 방법은 의식적으로 길고 천천히 호흡하는 것입니다. 스트레스를 받는 생각이 떠올라 짜증과 화가 몰려올 때 의식적으로 길게 호흡하면 몸과 마음이 안정됩니다. 몸이 편안해지면 부정적 감정은 사라지고 행복하고 유쾌한 생각을 떠올릴 수 있습니다.

하루에 5분 정도 시간을 내서 의식적으로 호흡에 집중합니다. 구부정한 자세가 아닌 허리를 편 상태에서 편안하게 호흡해 봅시다. 숨을 코로 들이쉬고 입으로 길게 내뱉어 봅니다. 손으로 배를 만지며 다시 합니다. 숨을 들이쉴 때는 2~3초간 배가 풍선처럼 빵빵해질 때까지 들이마시고, 내쉴 때는 4~5초간 풍선에 바람이 빠지는 것처럼 배가 가라앉도록 합니다.

천천히 호흡하면 혈압이 낮아지고 심장박동도 느려집니다. 팔, 다리의 긴장한 근육도 이완되어 몸이 부드러워집니다. 의식적인 호흡을 하며 과거의 상처와 미래에 대한 불안, 걱정에서 벗어나지금 현재에 집중할 수 있습니다. 호흡에 집중하면 몸이 편안해지고 마음이 안정될 것입니다.

분노의 실체를 차분히 들여다보기

과거에 스트레스를 받았던 일, 예를 들어 타인이 나에게 불쾌한 말을 했다든지, 선 넘는 행동을 했던 기억이 자꾸 머릿속에 떠올라 힘들 때가 있습니다. 그럴 때 사건을 어떻게 바라보느냐에 따라 분노의 강도는 달라집니다. 분노가 이는 사건을 계속 떠올리는 것보다 다른 생각에 몰두하는 편이 분노를 줄이고 사건을 객관적관점에서 바라보도록 돕습니다.

부정적이고 힘든 생각을 하면 몸이 경직되고 긴장됩니다. 반

엄마의 감정 연습 •

대로 긍정적 생각을 할 때는 몸이 부드럽게 이완됩니다. 화나는 부정적 생각이 자꾸 떠오른다면 긍정적 방향으로 생각을 바꾸면 그만입니다.

사람은 스스로 생각과 감정을 바꿀 수 있습니다. 그럼 어떻게 생각을 바꿀 수 있을까요? 부정적 생각이 떠오르면 가장 편하다고 여기는 장소를 상상하고 그곳에 자신이 있다고 생각합니다. 사람들은 보통 자신의 방이 가장 안전하고 편안한 장소라고 말합니다. 자신의 방이라고 생각하고 마음 편히 휴식을 취하는 장면을 상상해 봅시다. 침대에 누워 팔, 다리를 뻗고 평온하게 잠자는 자신을 상상해 보는 것만으로도 마음이 편해집니다.

부정적 생각에서 긍정적 생각으로 사고를 바꾸면 감정도 자연스레 바뀝니다. 당신을 못살게 굴고 괴롭힌 누군가를 생각하면 화나고 불쾌한 감정이 생깁니다. 반면에 사랑스러운 나의 가족을 떠올리면 행복하고 즐거운 마음이 됩니다. 이렇듯 생각이 바뀌면 감정도 저절로 바뀝니다.

화를 잠재우는 또 다른 방법은 평화롭고 행복한 감정을 상상해 보는 것입니다. 아침에 일어나 거울 앞에서 부드럽고 환하게 웃어 봅시다. 처음에는 어색하고 쑥스러울 수 있지만, 몇 번 반복하다 보면 자연스럽게 자신을 향해 웃을 수 있습니다. 몇 분 동안 거울에 비친 자신에게 다정한 표정으로 사랑의 감정을 전하면 부정적 감정이 서서히 사라질 것입니다. 거울을 보고 웃는 일이 쉽지 않다면, 행복하게 웃고 있는 얼굴을 상상해 보는 것도 도움이 됩니다.

아이가 천진난만하게 웃는 얼굴, 우리 가족의 사랑스러운 얼굴, 나를 아끼는 친구의 얼굴, 행복해하는 나의 얼굴을 상상해 봅시다. 며칠 동안 반복적으로 사랑스럽고 행복한 표정을 상상하는 것만으로도 스트레스 호르몬이 줄어들고 마음이 안정됩니다.

지금 과거를 떠올리며 분노하고 괴로워하는 사람이 있나요? 분노의 감정에 빠져 있으면 불행의 사슬에서 벗어나기 어렵습니다. 지금 현재에 집중하고 살아 있음을 느껴봅시다. 화나는 감정으로 부정적 생각을 떠올리기보다는 마음을 편안하고 느긋하게 가지면서 차분한 감정을 유지해 보십시오. 과거를 반추하기보다는 넓은 시야로 미래를 그려 보면 좀 더 바람직한 행동을 선택할 수 있을 것입니다. 생각과 감정은 선택할 수 있습니다. 희망적이고 긍정적 생각과 감정을 품는다면 미래는 꿈꾸는 대로 만들어질 것입니다.

분노를 조절하지 못하고 그대로 표출하면 타인의 마음에 상처를 입힙니다. 나는 기억할지 모를지언정, 상대방의 마음속에는 흉터가 고스란히 남아 있을 것입니다. 성공한 위인이나 성숙한 사람은 자신의 감정을 조절하여 멋진 인생을 살기 위해 부단히 노력한 사람들입니다. 만족스럽고 건강한 삶은 자신의 감정을 조절할 수 있을 때 비로소 얻어집니다.

Check!
엄마의 감정 연습 셋째. **부정적 감정을 떨치는 5가지 방법**

① 불안에서 벗어나기

- 취미나 성격이 비슷한 사람과 함께 마음을 나누고 교류한다.

- 길게 심호흡하며 마음을 다스리거나 명상한다.

- 긴장을 이완하기 위해서 걷기와 같은 운동을 한다.

- 자신이 좋아하는 취미활동에 몰두해 본다.

- 걱정해야 할 일이 있다면 일정한 시간을 정하여 걱정한다.

- 자신이 언제, 무엇을 걱정하는지 '걱정 사고 기록지'를 상세하게 작성해 본다.

② 무기력을 극복하기

- 통제할 수 있는 일과 없는 일을 구분한다. 통제할 수 없는 일은 과감히 내려놓고 통제할 수 있는 일에 노력을 다한다.

- 삶의 에너지를 공급하기 위해 맛있는 음식과 편안한 휴식처도 필요하다.

- 피로감을 줄일 수 있게 따뜻한 물로 샤워하며 마사지로 긴장한 몸을 푼다.

- 친구와 가족에게 지친 마음을 이야기하며 위로와 공감을 받으면

힘든 상황을 이겨 낼 힘이 생긴다.

③ 오감을 활용해 우울감 벗어나기

- 햇빛을 충분히 쬔다.
- 걷기, 달리기, 자전거 타기, 수영과 같은 가벼운 운동을 한다.
- 자주 사용하는 공간을 흰색, 베이지색, 노란색, 푸른색, 초록색 등과 같은 자연의 색상, 부드러운 색상으로 꾸며 본다.
- 시원한 바다 냄새, 향기로운 꽃 향기, 흙 냄새와 같은 자연에서 느껴지는 냄새는 우리의 피로를 풀어 주고 우울한 마음을 치유한다.
- 주말에 산이나 들, 바닷가로 나가 자연을 가까이한다. 그것만으로도 마음이 자연스레 치유된다.
- 부드럽고 따뜻한 멜로디의 음악은 복잡한 마음을 편안하게 만든다.
- 아미노산이 풍부한 계란, 고기, 생선과 같은 고단백 음식은 세로토닌 생성을 촉진하여 평온을 느끼게 하고 우울을 해소하는 데 도움을 준다.

④ 열등감을 인정하고 온몸으로 받아들이기

- 자신을 타인과 비교하지 않으면 열등감은 사라진다.

- 열등감을 부정하기보다는 받아들이고 자신의 감정을 이해하자. 자신의 감정을 수용하고 극복해 나가려는 마음을 가질 때 열등 감은 서서히 사라진다.
- 열등감을 극복하기 위해서는 대면하려는 의지가 중요하다.

⑤ 화났을 때도 건강하게 감정 표현하기

- 화났을 때 숨을 길게 내쉬며 자신의 현재 감정, 사고, 감각에 집 중한다. 이때 자신이 원하는 것이 무엇인지 분명히 알아차리고, 제대로 표현하는 것이 중요하다.
- 마음이 안정되었으면 상대방에게 감정과 욕구를 표현해 보자.
- 화를 조절하기 어려운 상태라면 우선 그 자리를 피하라. 자리를 옮겨 산책하거나 다른 활동을 하며 마음의 안정을 찾는다.
- 의식적으로 길고 천천히 호흡한다. 스트레스받는 생각이 떠올 라 짜증과 화가 몰려올 때 의식적으로 길게 호흡하면 몸과 마음 이 안정된다. 하루에 5분 정도 시간을 내서 허리를 편 상태에서 편안하게 호흡에 집중하자. 몸이 편안해지고 마음이 안정될 것 이다.

Chapter 4.
성장하는 엄마를 위한
긍정적 감정 쌓기

- 나를 변화시키는 자기 긍정의 힘

타인을 판단하는
마음 접기

수현 씨를 상담실에서 만났습니다. 수현 씨는 예전 직장에서 상사와 사이가 좋지 않았습니다. 수현 씨는 상사가 따뜻한 말 한마디 건네지 않고 매번 차가운 표정으로 자신을 대해서 못마땅했습니다. 그리고 상사가 자신을 나쁘게 평가해 승진이 계속 되지 않아 불만이 쌓였고 일에 대한 의욕도 떨어졌습니다. 참다못해 수현 씨는 상사에게 사직서를 제출했습니다. 그랬더니 상사가 하는 말이 수현 씨는 일은 잘하지만 태도에 문제가 있다며, '골칫덩어리'라고 했습니다. 그 뒤, 수현 씨는 계속해서 상사가 한 불쾌한 말이 머릿속에 떠올랐다고 합니다. 일이 잘 풀리지 않을 때나 사람들과 잘 지내지 못할 때면 상사가 말한 '골칫덩어리'라는 표현이 뇌리를 스치면서 모든 일이 자신의 잘못에서 비롯된 것 같아 괴로워했습니다.

수현 씨는 직장 상사가 자신을 섣불리 단정 지은 말을 들어서 수치심과 절망감을 느꼈습니다. 수현 씨가 승진에서 계속 밀려 업무에 대한 의욕이 떨어진 상태였지만 상사는 단 한 번도 그녀에게 업무 고충에 관해 묻는다거나 사소한 대화조차도 시도하지 않았습니다. 그렇게 수현 씨는 상사의 비판적인 태도에 고통스러워했습니다.

내 마음대로 판단하고 단정하는 위험

우리는 알게 모르게 어떤 일을 접하면 자신만의 기준으로 가치를 판단하며 단정 지으려는 습관이 있습니다. 과거의 경험과 현재 상황을 머릿속에서 비교하며 자신만의 잣대로 타인을 판단합니다. 자신의 기준으로 판단하면서 그 판단에 이어지는 감정을 느끼고 그대로 행동합니다. 타인을 단정 짓는 습관은 타인에 대한 오해와 왜곡된 반응을 불러일으켜 결국 서로를 힘들게 만듭니다.

타인이 어떤 일로 당신을 부정적으로 판단하고 단정 짓는 말을 했을 때 어떤 기분이 들 것 같습니까? 이루 말할 수 없이 심한 불쾌감을 느낄 것입니다. 이로 인해 받는 정서적인 고통도 말할 수도

엄마의 감정 연습 •

없을 것입니다. 자신이나 타인에 대해 주관적으로 단정 짓는 습관은 마음의 벽을 만들고 서로에게 상처를 입힐 뿐입니다.

타인이 주관적인 가치 판단으로 당신을 '좋은 사람', '나쁜 사람'으로 이분법적으로 구분 짓는 일은 잘못된 선입견입니다. 타인에게서 단정 짓는 말을 들었던 기억을 가슴 깊숙이 남겨 자신을 채찍질하며 스스로를 부정하고 미워하지 마십시오. 그럴 필요가 전혀 없습니다. 나와 상대방에 대한 가치 판단은 한 개인이 주관적으로 의미를 부여한 것일 뿐 그 이상, 이하도 아닙니다.

사람은 자신이 보고 싶은 것만 보고 듣고 싶은 것만 듣는 경향이 있습니다. 온전히 상대방의 객관적인 실체를 바라보기보다는 자신이 판단하기를 원하는 대로 판단하기 때문에 누가 그 대상을 판단하느냐에 따라 해석이 달라집니다. 자신의 머릿속에서 나름대로 분류한 가치 판단으로 오늘 하루가 즐겁기도 하고 슬프기도 한 것입니다.

평소에 친하게 지냈던 이웃이 어느 날 차가운 표정으로 당신을 보고 이내 고개를 딴 곳으로 돌리며 지나쳤다고 합시다. 그가 당신이 미워서 또는 당신에게 기분 나빴던 일이 있어서 그런 것이라고 단정 짓지 마십시오. 그에게 사적으로 좋지 않은 일이 있었을 수 있고, 바쁜 일로 급하게 가느라 당신을 보지 못하고 지나쳤을 수도 있습니다.

친구에게 전화를 걸었는데 받지 않았다고 해서 일부러 전화를 받지 않았다고 단정 짓지 마십시오. 그 친구가 바빴거나 잠을 잤거나 또 다른 중요한 일이 있어서 전화를 받지 못했을 수 있습니다.

모든 정황을 파악하지 않거나 다른 사람의 입장을 고려하지 않은 채 상황을 단정 지어 버린다면 제대로 된 의사결정을 할 수 없습니다. 오늘 바람직한 결정이라 생각되더라도 다음 날 다시 돌이켜보면 어제의 판단이 너무 섣불렀다는 생각으로 후회할 수 있습니다. 우리는 종종 급하게 내린 판단으로 이웃과의 관계가 틀어지거나 후회할 만한 결정을 한 적이 있지요.

기은 씨는 남편과 함께 마트에 가기로 했습니다. 그래서 나갈 준비를 하고 있는데, 남편이 씻고 나오더니 거실 청소를 하기 시작했습니다. 기은 씨는 마트에 갈 준비를 하지 않는 남편에게 화가 나 언성을 높이며 "마트에 가자는데 지금 청소를 하는 이유가 뭐예요? 당신은 상황 판단력이 너무 떨어져요. 지금 뭐 하는 거예요? 마트 가는 건 없었던 거로 해요."라고 말했습니다.

다음 날 기은 씨는 남편에게 심하게 말하고 상황 판단력이 떨어진다며 단정 짓는 말을 한 것에 대해 미안한 마음이 들었습니다. 남편은 단지 집 안이 엉망이라 청소한 것이었고, 평소에 아내를 자주 도와주고 배려해 주는 듬직한 남편이었기 때문입니다. 작은

엄마의 감정 연습 •

일 하나로 상대방을 곧바로 판단하는 것은 현미경으로 세상을 바라보는 것과 같습니다. 이는 전체를 고려하지 않았기 때문에 극단적인 감정과 섣부른 행동으로 이어지기 쉽습니다.

상대를 있는 그대로 바라보기

경솔한 판단은 관계에 부정적 영향을 미칩니다. 살아가면서 선입견 때문에 어느 사람에게 다가가지 않고 거리를 둔 적이 한두 번쯤은 있을 것입니다. 타인을 자신만의 편견으로 단정 짓는 경우 좋은 관계를 만들 수 없고 자신이 세운 마음의 벽으로 인해 외로워지기 쉽습니다.

이와 달리, 타인이 자신을 어떻게 판단하고 평가할지에 대해 민감한 사람들이 많습니다. 이들은 좋은 평가를 받기 위해 타인의 기준에 맞춰 살면서 자신이 원하는 인생을 살지 못합니다. 타인에게 나쁜 평가를 받았다고 해서 수준이 떨어지거나 결함이 있는 사람일까요? 평가는 여러 상황과 환경의 영향을 받고 한 개인의 주관적인 믿음에 의해 결정됩니다. 어떠한 행동을 할 때는 그럴 만한 이유가 있으므로 타인의 단정 짓는 말에 위축되거나 괴로워하지 말기를 바랍니다.

상대를 단정 짓거나 판단하려는 습관에서 벗어나 상대를 있는 그대로 바라봅시다. 그러면 사소한 오해나 왜곡된 생각으로 관계를 그르치는 일이 확연히 줄어들 것입니다. 그럼 판단하고 단정 짓는 습관을 버리려면 어떻게 하면 좋을까요?

타인을 자신의 기준에 맞춰 판단하는 것은 타인보다 자신이 낫다는 우월감에서 비롯됩니다. 우월감은 상대방을 부정적으로 단정 지을 때 느껴지는 감정입니다. 이는 '내가 당신보다 낫지.'와 같은 교만함이 마음속에 자리 잡은 것과 같습니다.

'벼는 익을수록 고개를 숙인다.'라는 속담처럼 자신이 상대보다 인생을 좀 더 살고 학력이 높고 재능이 남다르다고 할지라도 존중하는 자세가 필요합니다. 상대의 입장에서 생각하고 배려하는 태도를 기를 때 자만심과 우월감에서 벗어날 수 있습니다.

상대를 판단하는 말이 스멀스멀 입 밖으로 올라올 때면 마음속으로 '그만'이라고 외치며 자기 생각과 행동을 멈춰 봅시다. 급하게 단정 짓고 행동하는 것은 스스로에게 손해를 끼치는 경우가 많습니다. 그러다 나중에 자신의 행동에 대해 후회하는 경우가 생길 수 있습니다. 되도록 감정을 가라앉히고 생각이 정리될 때까지 어떠한 결정도 하지 않고 마음을 다스리도록 합니다. 평온한 상태에서 대화하는 것이 가장 현명한 방법입니다. 또 '상대방이 그럴 만한 이유가 있겠지.'라고 생각해 보는 것이 어떨까요? 그로서는 그렇게 행동하는 일이 최선이었을지도 모릅니다. 타인을 단정 짓는 말이나 생각이 떠오를 때면 우선 자신이 한 생각이 합리적인지 스스로에게 질문해 봅시다.

인지치료의 창시자인 아론 백(Aaron T. Beck)은 자기 생각이 합리적인지 평가해 보는 방법으로 'A-FROG'를 제시했습니다. 'A(Alive)-나의 사고가 나를 활기 있게 하는가?', 'F(Feel)-이 생각으로 기분이 더 좋아졌는가?', 'R(Reality)-나의 사고가 현실적인가?', 'O(Others)-나의 사고가 다른 사람과의 관계에 도움이 되는가?', 'G(Goals)-나의 사고는 나의 목표를 성취하는 데 도움이 되는가?'라는 질문을 던졌을 때 하나라도 '아니오.'라는 답이 나오면 당신의 생각이 왜곡되고 역기능적인 것으로 볼 수 있습니다.

자신과 타인에 대해 부정적으로 생각하는 사람은 주로 타인의 행동 동기를 의심하는 경우가 많습니다. 타인을 믿지 못해 상대방을 부정적으로 단정 짓는 습관이 반복되는 것입니다. 매일 상대방을 긍정적으로 바라보는 연습을 해 봅시다. 상대방이 좋은 의도로 말하고 행동한 것으로 생각한다면 즐거운 기분으로 생활할 수 있고 바람직한 방향으로 행동하게 됩니다.

상대방을 적군이 아닌 아군이라고 생각하면 그를 긍정적으로 바라볼 수 있습니다. 남편이 실수하고 잘못해도 '멍청이', '못난이'라고 속으로 비난하기보다는 넓은 아량으로 그를 사랑하고 이해해 보려 노력하기를 권합니다. 상대방을 '멍청이'라고 단정하기보다는 "너무 바빠서 일에 집중하기 힘들었겠군요. 당신이 바쁜 일들로 건강을 해칠까 봐 많이 염려되네요."라고 남편에게 긍정적으로 표현하면 어떨까요?

행복이 방문할
틈을 만들어라

완벽주의자가 생각보다 많습니다. 완벽을 추구하는 사람들은 어떤 일도 그냥 지나치는 법이 없습니다. 무슨 일이든 정확하게 처리되었는지 꼼꼼히 확인합니다. 이들은 완벽함을 추구하는 반면에, 완벽하기를 바라는 자신의 신념, 바람, 두려움을 떨칠 수 있기를 바랍니다. 이들은 조금이라도 자신이 원하는 방향대로 일이 풀리지 않으면 밤잠을 설치고 실수를 만회할 방법을 찾습니다. 또한, 작은 실수에도 자신을 비난하며 자책하기 일쑤입니다.

완벽주의자들은 스스로 원하는 바를 이루어 낼 수 있다고 믿고, 타인에게 완벽한 사람으로 보이고 싶어합니다. 모든 일이 자신의 기대 수준에 부합하기를 바라다보니 쉽게 피곤해지고 에너지 소모도 많습니다. 높은 목표는 바꾸지 않고 자신의 힘으로 제어할 수 없는 상황도 완벽하게 변화시키려 애쓰다 보니 쉽게 녹다운됩니다. 그러다 보니 실패도 자주 경험합니다. 일부라도 계획대로 진행되지 않으면 신경이 곤두서며 스트레스와 불안을 종종 느낍니다.

대다수 사람은 일을 할 때 실수 없이 완벽하게 처리해야 가장 이상적이라 생각합니다. 이러한 사회적 신념으로 인해 많은 사람이 완벽해지려는 강박에 시달리고 있습니다. 그래서 타인의 비난에 몸서리치며 자신을 힘들게 했던 일을 되뇌며 고달파합니다. 완벽주의자들은 '실수하면 타인에게 사랑받을 수 없다.'라는 잘못된 신념으로 자신을 채찍질하며 불안해합니다.

강박적인 완벽주의자의 실체

민진 씨는 결혼 후 10년 만에 그토록 바라던 임신을 하고 아이를 출산했습니다. 그녀는 아이를 낳기를 원했던 만큼 육아에 최선을 다하려 노력했습니다. 육아와 관련된 책을 수십 권을 읽어 가면서 책에 나온 대로 아이를 완벽하게 키우려고 애썼습니다. 아이 기저귀를 살 때도 어디 회사 제품인지, 품질은 어떤지 일일이 확인하고 샀고, 분유도 성분과 제조회사 등을 따져 보며 구매했습니다.

아이에게 분유를 먹일 때 남편이 물을 팔팔 끓였다가 70도로 식혀서 분유를 탄 후 38도까지 식혀서 먹이는지, 아이가 편하게 먹고 있는지 확인하며 "젖병을 너무 들고 먹이면 안 돼. 아이가 먹기 힘들 테니까 목을 좀 받쳐 줘."라며 남편의 행동에 하나하나 관여했습니다. 아이에게도 "똑바로 앉아야지. 그렇게 하면 안 돼. 엄마 하는 것 보고 이렇게 해야지."라며 아이의 행동을 평가했습니다. 이런 아내의 행동에 남편은 숨이 막히는 압박감을 느낀다며 아내가 융통성 있게 행동해 주었으면 좋겠다고 털어놓았습니다.

주미 씨는 옷을 깔끔하게 정리하는 자신만의 방식이 있는데, 남편이 그 방식을 따르지 않고 대충 옷을 정리해 놓으면 심하게 짜증을 냅니다.

주연 씨는 매일 밤 침대에 누워 오늘 계획했던 일이 순조롭게 진행되었는지 점검해 보고, 내일 할 일을 머릿속으로 떠올려 핸드폰에 일일이 기록합니다. 어떤 일에 지나치게 몰입하여 체력이 고갈될 상황까지 자신을 몰아붙이지만, 한편으로는 여유를 가지며 행동할 수 있기를 바랍니다.

가연 씨는 동생과 함께 김밥을 만들어 먹기로 했는데 동생이 김밥을 마는 방식이 마음에 들지 않아 '그냥 내가 하는 게 낫다.'란 생각에 혼자 김밥을 만들어 버렸습니다.

어떤 남편은 아내가 집안일한 것을 종종 트집 잡고는 합니다. 양말 정리부터 음식을 냉장고에 넣는 것 등등 말입니다. 정리정돈이 잘되고 깔끔한 것을 좋아하는 사람은 제시간에, 제 위치에 물건들이 놓여 있기를 바랍니다. 이들은 다이어트 중에 스트레스로 폭식을 할 경우, 그에 대한 죄책감으로 먹는 것에 집중하지 못하고 자신을 책망하기 바쁩니다.

완벽함을 추구하는 이들은 사소한 부분에서도 높은 기준을 가지고 상대방의 단점을 찾아 지적합니다. 완벽주의는 우울, 불안, 무기력, 강박증, 결벽증과도 연관됩니다. 언뜻 보기에 완벽주의와 강박증이 비슷해 보이지만 다릅니다.

강박증(Obsessive Compulsive Disorder, OCD)은 불안함을 느끼는 생각과 충동에 비정상적으로 몰두하며 집착합니다. 강박증의 여러 증세 중에 우리가 알고 있는 결벽증이 있습니다. 결벽증인 사람은 병균에 오염될까 두려워 지나치게 손을 씻거나 청결에 집착하는 행동을 보입니다.

완벽을 추구하는 사람은 상황을 통제하려는 욕구와 통제하지 못하는 것에 대한 두려움이 혼재되어 있습니다. 세부적인 절차와 기준을 중요시하기에 이것이 지켜지지 않으면 분노, 실망, 당혹감을 느낍니다. 그리고 자신을 책망하거나 타인에게 잔소리를 합

엄마의 감정 연습 •

니다. 이들은 어린 시절 완벽을 추구하는 부모의 영향을 받은 경우가 대부분입니다. 작은 실수에도 매번 잔소리를 들었던 어린아이가 성인이 된 뒤에 자신과 타인에게 강박적으로 완벽해지도록 요구하는 것입니다.

반면에 계획을 구체적이고 치밀하게 세우면 이점도 있습니다. 미국의 경영과학자인 에드 블리스(Ed Bliss)는 계획을 치밀하게 세울수록 실패할 확률이 줄어든다고 했습니다. 부지런히 연습해서 얻은 숙련성보다 구체적이고 반복적인 계획을 구상하는 것이 더 많은 성과를 창출한다는 말입니다. 다만, 완벽주의는 통제할 수 없는 상황에서도 만성적이고 강박적인 계획을 세워 몸과 마음을 힘들게 합니다.

완벽주의자도 피할 수 없는 완벽함이라는 구멍

사람들은 완벽해지면 비난, 질책, 수치심을 피할 수 있으리라 생각합니다. 비난받거나 수치심을 느낄 때 완벽하지 못한 자신을 탓합니다. 그러나 이는 잘못된 생각입니다. 직장에서 문서를 수십 번 고쳐 완벽하게 정리하고 다듬어서 발표한다고 합시다. 그렇다고 모든 사람이 "당신의 발표는 완벽합니다."라고 말할까요? 절대 그렇지 않습니다. 사람마다 생각하는 방향이 다르고 어떤 것이든 결점을 잡으려 애쓰면 무엇이든 비방거리가 됩니다.

완벽함을 추구하는 사람 중에는 자신의 외적인 부분(성적, 외모, 재력 등)에 대해 타인으로부터 칭찬을 받고 자란 이들이 많습니다. 이들은 성적과 능력을 자신과 동일시합니다. 사람들에게 '좋은 평가를 받아야 나는 인정받을 수 있어.', '남편과 시부모님에게 인정받아야 나는 사랑받을 수 있어.'와 같이 타인의 기준에 맞추어 살기 위해 노력하고 인정을 받으려 애씁니다. 이들은 어린 시절 타인의 가치가 내면에 자리 잡아 타인의 평가에 따라 자신을 긍정적으로 또는 부정적으로 경험하게 됩니다. 자신의 성장을 위한 노력이 아닌 타인의 인정에 초점을 맞춘 삶은 심리적 고통과 불행을 느끼게 만듭니다.

외모에 관심이 많은 사람은 결점 없는 외모를 만들기 위해 성형수술도 합니다. '외모가 완벽해지면 사람들이 나를 인정해 주겠지.', '멋진 외모는 나에게 좋은 직장, 훌륭한 배우자를 선물해 주고 행복하게 해 줄 거야.'라고 생각합니다. 외모를 적절하게 가꾸는 것은 삶에 활력을 주지만 지나치게 완벽한 외모에 집착하며 자신을 고통스럽게 만드는 것은 좋은 방법이 아닙니다.

완벽주의자들은 일의 과정보다는 결과에 초점을 맞춥니다.

'난 최고의 워킹맘이 되어야 해.'라는 생각으로 완벽한 사람이 되기를 갈망합니다. 사람들과 경쟁하면서 이기지 못하면 자신을 무가치한 사람으로 여기며 괴로워합니다. 최고가 될 수 없다는 판단이 들면 아예 시작하지 않거나 포기하고 맙니다. 하지만 현실에는 뛰어난 능력을 지닌 사람이 무수히 많습니다. 누군가 최선을 다하는 삶이 아름답다고 하지 않았습니까? 비록 완벽하지 않더라도 최선을 다해 노력하는 것만으로 가치 있는 것임을 잊어서는 안 됩니다.

내면의 목소리에 귀 기울이며 완벽함을 내려놓기

책이든 옷이든 물건이든 자신이 좋아하는 것을 과하게 사들이며 공허함을 채우려 한 적이 있나요? 많은 물건을 소유하면 자신이 멋진 사람처럼 느껴지고 마음이 안정되리라 생각하나요? 허전함을 채우기 위해 음식을 마구 먹거나 쇼핑을 하면서 불안한 감정을 지우려 하는지 살펴보십시오. 지금 끊어 내지 못하는 과도한 행동이 있다면 무엇 때문에 그에 집착하는지 살펴보아야 합니다.

완벽을 추구하는 사람은 내면의 소리에 귀 기울일 필요가 있습니다. 세상일이 항상 내 뜻대로 되지는 않습니다. 내가 원하는 대로 일이 진행되어야 한다는 강박적인 생각에서 불행이 시작됩니다. 내가 통제할 수 없는 일에는 무리한 욕심을 부릴 필요가 없습니다. 상황을 유연하게 받아들여야 합니다. 최선을 다하되, 결과는 하늘에 맡기면 됩니다. 그러면 화나고 짜증나던 감정도 가라앉을 것입니다. 과한 욕심은 불행을 자초합니다.

사람마다 능력과 적성이 다릅니다. 모든 일을 잘할 수는 없습니다. 내가 소질이 없는 분야를 파고들며 '나는 무능력자야.'라며 나와 타인을 비교하지 마십시오. 비교하는 사람은 열등감을 느끼고 불행해지기 쉽습니다.

완벽한 사람이 행복한 인생을 살 것 같지만, 그렇지는 않습니다. 완벽한 삶을 살기 위해 많은 에너지와 시간을 쏟으면 결국 소진되기 쉽습니다. 세부적인 기준과 절차를 신경 쓰며 다양한 상황을 고려한다 해도 완벽한 결정을 내리기는 어렵습니다. 완벽하게 일을 처리한다면 행복할까요? 잠시는 즐거울지 몰라도 여전히 마음은 공허합니다. 남들에게는 완벽한 인생처럼 보일지 몰라도 과거와 달라진 것은 없습니다.

완벽을 추구한 채 가면을 쓰고 살아가는 사람은 진실로 소통할 수 있는 사람이 없어 외롭고 우울합니다. 자신의 가치를 인정받기 위해 가면을 쓰고 사는 것은 정말 피곤한 일이 아닐 수 없습니다. 자신의 부족한 부분을 드러내고 진정한 자신을 보여 줄 때 진실한 관계를 이어갈 수 있습니다.

완벽한 삶은 존재하지 않습니다. 이 세상에 완벽한 사람은 아무도 없습니다. 애초부터 완벽은 달성할 수 없는 목표입니다. 내가 완벽한 계획이라 생각한 것도 나의 협소한 관점에서 만들어진 결과물일 뿐입니다. 우리는 경험한 것보다 아직 경험하지 못한 것이 더 많습니다. 최선이라 생각한 것이 최선이 아닐 수 있습니다.

완벽주의에서 벗어나고 싶다면 자신을 긍정적으로 존중해 줄 필요가 있습니다. '이만하면 괜찮아.', '나는 가치 있는 존재야.'라고 조건 없이 나를 인정하고 사랑하는 것은 진정한 자신을 찾는 데 도움을 줍니다.

현재 가지고 있는 것에 감사해 봅시다. 나라는 존재에게 감사하고, 오늘 일어난 일에 감사합시다. 못 가진 것에 대한 불만과 괴로움만 토로하기보다는 현재 주어진 것들에 대해 소중함을 느껴 봅시다. 그러면 세상에는 감사할 일들이 너무나 많지 않나요?

과거에 자신에게 만족하지 못하고 타인의 인정에만 의존했던 자신을 이제는 용서해야 합니다. 당시에 내가 할 수 있던 최고의 선택이었으므로 죄책감을 가질 필요는 없습니다. 실패했을 때 나 자신을 너무 비난하거나 질책하지도 마십시오. 부정적 감정과 생각에 사로잡혀 너무 힘들어하지 마십시오. 나 자체로 가치 있는 존재임을 알려주는 이가 없었기에 자신을 존중하기 어려웠음을 이해하십시오. 이제부터 내가 나의 가치를 이해하고 존중해 주면 됩니다.

마음먹기에 달린
마음의 상처

혜승 씨는 사람들과 함께 있을 때 실수할까 봐 불안합니다. 그녀는 수줍음이 많고, 긴장하면 얼굴이 빨갛게 달아오릅니다. 혼자 있을 때는 별 문제 없지만, 사람들과 모여 이야기할 때 실수하여 창피를 당할까 봐 두렵습니다. 대인관계가 불편한 그녀는 급기야 직장을 관두고 집 밖을 나가지 않습니다.

'사회공포증'은 불안장애의 하위유형으로, 대인관계 상황이 두려워 피하는 것을 말합니다. 사회공포증을 가진 사람은 대화할 때 얼굴이 붉어지거나 목소리가 떨리지 않을까 불안해합니다. 실

엄마의 감정 연습 •

수하지 않을까 두려워하며 타인에게 놀림거리가 되지 않을까 고민합니다. 이들은 다른 사람과 식사할 때, 남들 앞에서 글씨를 쓸 때, 사람들과 대화할 때 불안하고 초조해하는 모습을 보입니다. 대화할 때 타인의 눈을 바라보지 못하는 때도 있고 입이 마르고 심장박동이 빨라지고 식은땀을 흘리기도 합니다. 타인과 함께 있는 자리가 가시방석처럼 느껴지고, 빨리 그 자리를 떠나고 싶어합니다.

사회공포증은 두 가지로 구분하는데, 일반적 사회공포증은 자신이 주목받는 어떠한 상황에서도 불안감을 느끼는 것입니다. 이에 반해 특정 사회공포증은 특정한 상황에서만 불안해합니다. 예를 들어 사람들 앞에서 책을 읽을 때만 두려움을 느끼고, 다른 상황에서는 편안히 생활합니다. 대인관계를 두려워하는 사람들은 혼자 있을 때는 편안한 마음으로 생활하지만, 사교적인 자리에서는 긴장하고 불안해합니다. 이들은 외부세계로 나아가는 것을 두려워하고 타인을 믿지 못하는 경향이 있습니다.

회피성 은둔형 성격의 원인

최근에는 대인관계를 두려워하고 회피하는 사람들이 많습니다. 타인의 비판과 거절에 대한 두려움으로 믿을 수 있는 사람 외에는 만나려 하지 않습니다. 그만큼 혼자 지내는 것을 편하게 여기는 사람들이 많아진 것입니다. 대인관계를 원치 않아 스스로 혼자 지내는 유형을 '히키코모리', 즉 '은둔형 외톨이'라고 부릅니다.

이에 반해 회피성 성격은 대인관계를 원하지만 부끄럽고 불안한 마음 때문에 관계를 피하여 일상생활에 지장을 주는 것을 말합니다. 회피성 성격은 인간관계를 회피하는 경향이 강하고 거절에 대해 민감하게 반응합니다. 이들은 놀림을 받거나 수치심을 느끼는 것을 두려워하며 자존감이 낮습니다. 또 어린 시절부터 부끄럼이 많고 새롭고 낯선 상황을 두려워하여 혼자 지냈던 경우가 많습니다.

이러한 회피성 성격의 원인은 무엇일까요? 먼저 생물학적인 요인으로 교감신경계가 사소한 자극에도 민감하게 반응하여 활성화되기 때문입니다. 그래서 위험에 대해 부정적 결과를 예상하고 예민하게 반응합니다.

정신 역동적 관점에서는 수치심이란 감정을 느끼지 않기 위해 대인관계 상황을 회피하는 것이라 봅니다. 생후 만1~3세경에 아이는 자율적으로 행동하려는 욕구가 커지는데 이 시기에 부모가 자율적으로 행동하지 못하게 하거나 아이가 하고자 하는 것을 대신 해결해 주려 하면 아이의 자율성 욕구가 충족되지 못하고 수치심이 커집니다. 아이는 '난 제대로 못하는 사람이야.', '나는 매력이 없어.'라는 부정적 신념에 수치심이 커지고 부모를 수치심과 거부

엄마의 감정 연습 •

감을 준 부정적 존재로 기억합니다. 어린 시절 경험으로 인해 성장해서도 타인으로부터 거부당하고 비난당할 것이라는 비합리적인 신념을 가집니다.

대인관계에서 완벽한 사람은 없습니다. 누구나 타인의 거절과 비난에 상처를 받습니다. 하지만 그 뒤에 아무렇지 않게 다시 일어서는 사람이 있는가 하면, 이를 견디지 못해 관계를 회피하고 혼자 지내는 사람도 있습니다. 혼자 지내는 것이 꼭 나쁜 것만은 아닙니다. 혼자서 편안하고 즐거우며 사회생활에 큰 무리가 없다면 독립적인 삶도 괜찮습니다. 독립적인 성격의 소유자들도 많지 않습니까?

그러나 대인관계를 원하지만, 상처로 사람들과 거리를 둔 채 생활하는 것은 다른 이야기입니다. 이럴 땐 자신의 마음속 상처를 들여다볼 시간이 필요합니다. 이들은 한번 겁을 먹고 난 뒤에는 두려운 마음으로 사람들 앞으로 나가지 못합니다. 상대방의 마음을 미리 부정적으로 예측하여 '나를 미워할 거야.', '내 의견을 거절할 거야.', '나를 비난할 거야.'라는 생각으로 지레 겁을 먹고 상대방으로부터 도망칠 생각부터 합니다. 상대가 당신을 미워하지 않아도 자신을 싫어할 것이라 단정 짓고 마음의 벽을 쳐 상대에 대한 미움과 원망의 마음을 키워 갑니다. 이렇게 스스로 자신만의 동굴로 들어가 외로워지는 길을 택하는 일만은 하지 맙시다.

거절을 받아들이는 용기

우리는 누구나 상처를 안고 삽니다. 과거의 인간관계에서 다친 상처는 흉터로 자리 잡아 미래의 관계를 방해합니다. 새로운 관계를 맞이할 때 마음을 열지 못하게 하며 자신과 타인을 있는 그대로 받아들이지 못하게 합니다. 행동은 습관적인 패턴에 따라 반복되는데, 대인관계 역시 과거에 해 오던 방식이 몸에 익숙합니다. 따라서 행동을 새롭게 변화시키려면 용기와 도전이 필요합니다. 용기를 내어 조금씩 관계에 발을 내밀어 보는 시도를 해 봅시다. 나를 이해하고 공감해 줄 만한 사람을 찾아 긍정적인 새로운 인생 시나리오를 써 봅시다.

나를 믿어 주고 사랑해 주는 사람과 함께하면 그 자체로 행복하고 즐겁습니다. 이러한 즐거운 경험은 앞으로 새로운 사람을 만날 때 두려움을 없애고 용기를 내게 만듭니다. 긍정적 인간관계를 경험하면 과거에는 미움의 대상이었던 타인이 이제는 사랑스러운 친구로 보일 것입니다. 한두 명의 사람과 긍정적인 관계 맺기를 시도하여 성공했다면 서서히 만나는 사람을 늘려 봅시다. 단, 아무나 무턱대고 만나는 것이 아니라 믿고 신뢰할 수 있는 사람을 신중하게 택해서 만나야 긍정적인 관계를 만들고 경험하는 데 도움이 됩니다. 신뢰가 높은 관계는 인간관계에 대한 두려움을 줄이고 사회생활에 대한 자신감을 선사합니다.

상대방은 대부분 자신의 성향대로 행동할 뿐 나에게 의도적으로 상처를 줄 생각으로 행동하지 않습니다. 상대방 또한 나처럼 관계로 인해 많은 상처를 받은 사람임을 잊지 마십시오.

내면의 목소리에
귀 기울이기

한 남성을 상담한 적이 있습니다. 그는 가족 사이에서 존재감이 없고 미움받는 대상이 되어 괴롭다고 했습니다. 아버지와 형은 그에게 눈치가 없고 행동이 느리다며 자주 고함을 지르며 비난했다고 합니다. 그는 비난받는 말을 줄곧 받고 자라 자존감은 바닥에 떨어지고, 무언가를 시도해 보려는 의지조차 사라져 무력감에 빠져 있었습니다. 가족이 그를 비난하는 행동은 거의 습관화되어 있었고, 그는 가족에게서 동떨어져 외로움을 느끼며 자신을 자책했습니다.

그는 혼자일 때면 두려움과 공허감을 느낄 때가 많았습니다.

직장 동료가 친근하게 말을 걸어 줄 때도 어릴 적 따돌림을 당했던 기억이 떠올라 동료가 자신을 언제 버릴지 모른다는 불안감에 휩싸였습니다. 그래서 자신의 의견은 내세우지 않고 직장 동료의 의견에 무조건 동조했습니다. 직장 동료는 주관이 없는 그를 만만하게 생각하여 이용하기 시작했습니다. 술집에 같이 가서 그에게 술값을 내게 하거나 사소한 부탁을 매번 요청하여 그를 힘들게 했습니다. 그는 가정과 직장에서 이해받지 못한 탓에 마음이 텅 빈 것 같은 허전함을 자주 느꼈습니다. 자신이 살아가는 이유도, 원하는 것이 무엇인지도 알지 못했습니다. 마냥 사람들이 바라는 대로 동조하기만 했을 뿐 자신만의 삶의 목적지가 없었습니다. 그는 정체성의 부재로 심리적인 혼란에 휩싸여 있었습니다.

자신이 무엇을 원하는지 우선적으로 생각하기

정체성이란 자신이 누구이며, 원하는 것이 무엇인지 이해하고 이를 통해 미래의 목표를 결정짓는 정도를 말합니다. 정체성은 자신이 어떤 것에 가치를 두는지, 원하는 삶은 어떤 방향인지와 연관됩니다.

예전에 엄마들은 아이에게 따뜻한 밥을 지어 주고 남편 뒷바라지를 잘하는 일이 가장 중요하다고 생각했습니다. 엄마로서 정체성을 가지는 일이 무엇보다 중요하다고 생각하면서 살림하고 아이를 챙겼습니다. 그렇지만 요즘 엄마들은 예전과 달리 정체성 혼란을 빈번히 느낍니다. 아이를 잘 키우기 위해 누구보다 육아 책을 열심히 읽고 아이를 대할 때 말이나 행동도 아이에게 미칠 영향을 고려하여 조심합니다. 이렇게 엄마의 역할을 잘하고 싶은 마음이 있으면서도 '나는 우리 가족에게 어떤 존재일까? 가족을 위해 희생하며 사는 것이 나의 역할인가?'라는 생각에 자신의 인생을 찾고 싶다는 욕구가 불현듯 올라옵니다.

요즘 엄마들은 자신이 원하는 대로 주체적인 삶을 살기를 바라지만 현실은 아이를 위해 희생하기를 은연중에 강요받다 보니 자신의 역할에 만족하지 못하고 저항감을 드러냅니다.

사람들은 자신이 무엇을 원하고 어떤 일에 열정을 가지는지 깊이 생각해 보지 못한 채 무료한 인생을 사는 경우가 많습니다. 자신의 내면을 깊이 성찰하고 자신이 무엇을 원하는지 알아 가면서 추구하는 삶을 살아 보는 일이 정말 가치 있는 인생이 아닐까 싶습니다. 자신이 원하는 목표를 심사숙고하여 결정했다면 힘들어 잠시 쉬거나 길을 잘못 들었다 하더라도 다시 지도를 살펴보고 목표를 향해 나아갈 수 있습니다.

정체성이 제대로 확립된 사람은 자신의 가치관에 따라 일을 선택하고 집중하여 올바른 결정을 내립니다. 이들은 삶을 스스로

엄마의 감정 연습 •

선택하고 그 결정에 따른 결과를 받아들이며 더 나은 내일을 살기 위해 반성하기에, 인생의 주인공으로 살아갑니다.

캐나다의 심리학자 제임스 마샤(James Marcia)는 정체감 획득의 기준을 '위기'와 '확신'으로 나누어 설명했습니다. '위기'는 '자신의 미래에 대해 얼마나 많은 고민을 했는가?'에 해당하며, '확신'은 '자신의 미래에 대해 어떠한 결정을 내린 것이 있는가?'에 관한 것입니다.

마샤는 청소년 심리학 전문가로서 정체감 획득 기준에 따라 청소년의 정체감 유형을 '성취형', '유예형', '유실형', '혼미형'으로 분류했습니다.

먼저, 정체감 성취형은 가장 이상적인 유형이며, 자신의 미래를 스스로 계획하여 어떤 결정을 내린 상태입니다. 정체감 유예형은 자신의 미래에 대해 고민은 하지만 아직 어떤 결정을 내리지 못한 단계입니다. 예를 들어 어떤 일을 해야 할지 고민하지만, 아직 직업이나 원하는 학과를 결정하지 못한 상태입니다. 정체감 유실형은 자신의 미래에 대한 진지한 고민 없이 부모나 외부 사람의 의견을 그대로 따르는 상태를 말합니다. 이들은 자신의 주관 없이 부모가 원하는 대학에 들어가거나 직장에 취업합니다.

마지막으로, 정체감 혼미형은 위기와 확신이 없는 상태로 미래에 대해 고민을 하지 않고 어떠한 결정도 내리지 않는 가장 위험한 유형입니다. 정체감 혼미형이 지속되면 부정적 정체감을 형성할 가능성이 크므로 정체감 확립이 가능하도록 주위에서 도와 줄 필요가 있습니다.

마샤의 이론의 근거가 된 소아정신분석가 에릭 에릭슨(Erik Erikson)의 심리·사회적 성격 발달에 따르면 사람은 12세부터 18세까지 정체감이 형성되는 시기이며, 이때 부모로부터 심리적으로 독립한다고 합니다. 이 시기에 이러한 특성을 갖추지 못한다면 정체감 혼란에 빠질 수 있습니다.

어떤 사람은 정체성 혼란으로 공허감이 찾아올 때면 알코올 중독, 일 중독, 약물 중독, 폭식증, 거식증 등의 건강하지 못한 방식으로 허전함을 달래며 자신에게 고통을 주는 행위를 반복합니다. 또는 타인에게 의존적인 모습을 보이며 타인을 통해 공허함을 달래고자 합니다. 곁에 사람이 없으면 외로워서 견디지 못합니다. 이들은 자신을 이해하지 못한 채 자신이 어떤 감정과 기분을 느끼는지 정확히 깨닫지 못합니다.

행복한 삶을 위한 건강한 정체성 되찾기

올바른 정체성을 형성한 사람은 자신이 무엇을 원하는지 알

엄마의 감정 연습 •

고 목표를 향해 노력합니다. 자신이 어떤 상황에 놓여 있는지 이해하고 어떻게 대응하는 편이 좋을지 알고 있습니다. 그래서 타인의 말 한마디에 크게 상처받거나 흔들리지 않습니다.

건강한 정체성을 형성하는 것은 행복한 삶을 살기 위해 필수불가결한 요소입니다. 이러한 정체성은 일상생활 속에서 다양한 경험을 통해 형성할 수 있습니다. 그중 부모나 주변 지인의 평가가 정체성 형성에 많은 영향을 미칩니다.

예민한 성격의 사람들은 주위에서 부정적 피드백을 자주 듣는다면 정체성 형성에 부정적 영향을 받기가 쉽습니다. "너는 왜 그리 예민하니?", "별일 아닌 일로 과하게 반응하는구나!", "푸념하는 말 그만해."라는 말을 주위에서 종종 듣는다면 수치스럽고 부끄럽다는 감정이 내면에서 올라옵니다. 그래서 타인에게 예민하게 보이지 않기 위해 감정을 표현하지 않게 되고 점점 자신의 감정에 솔직해지지 못 하게 됩니다. 타인이 자신을 부정적으로 바라보는 것 같아 진정한 자신의 모습을 숨기는 것입니다.

하지만 타인의 평가는 어디에 근거를 둔 것인지 알 수 없으며 타인이 지닌 그릇된 믿음에서 비롯될 수 있음을 알아야 합니다. 부모와 지인에게서 "넌 어쩜 너밖에 모르니?", "버릇이 없어."와 같은 말을 반복적으로 들어 위축된다면 이로 인해 너무 괴로워할 필요는 없습니다. 삶이 고단했던 부모가 부정적 감정을 아이에게 표현하고 위로받고 싶었을지도 모르기 때문입니다. 때로는 자신의 삶에 대한 평가를 남에게 투사하기도 하는 법입니다. 누군가의 평가로 자신에 대해 잘못된 편견을 가질 수 있으므로 진실한 자신의 모습을 알아가기 위해서는 스스로 노력이 필요합니다.

인간은 과거의 부정적 기억에서 좀처럼 벗어나지 못하는 경향이 있습니다. 다양한 경험을 하지 못한 젊은 시절에 힘든 상황에 부딪혔다고 생각해 봅시다. 처음 접하는 일에는 노련하게 대처하기 힘들고 충동적으로 행동하여, 신중하게 처신하기 어려울 수 있습니다. 주위에 삶의 경험이 많은 전문가나 지인이 조언해 준다면 좀 더 나은 결정을 내릴 수 있겠지만, 경험이 부족한 개인이 혼자서 힘든 상황에 유연하게 대처하기는 쉽지 않습니다. 그런 과거 자신의 행동을 돌이켜 보며 그때 올바로 처신하지 못한 자신을 미워하고 혐오하는 사람들이 종종 있습니다. '그 당시 왜 그런 행동을 했을까?', '성급하게 행동한 내가 정말 미워.', '그릇된 판단을 한 잘못은 평생 씻을 수 없어.', '난 너무 경솔한 사람이야.'라고 자신을 비난합니다.

과거는 과거일 뿐입니다. 지금은 과거를 살고 있지 않다는 점을 잊지 마십시오. 현재의 나를 과거의 기억 틀에 끼워 평생 폄하하는 것은 자신에게 너무 가혹한 벌이 아닐까 싶습니다. 사람은 신

엄마의 감정 연습 •

이 아니기에 누구나 실수를 할 수 있고 그릇된 판단을 할 수 있습니다. 자신이 신중하지 못한 사람이라고 단정 짓기 위해 충동적으로 행동했던 일만 기억 속에 깊이 저장해 놓은 것은 아닌지 생각해 볼 일입니다.

나를 돌보고
사랑하는 마음 습관

요즘 젊은 사람들은 부와 성공, 명예를 얻기 위해 자신의 몸을 돌보지 않고 밤낮으로 일하는 경향이 있습니다. 학교를 졸업하고 좋은 직장을 구하기 위해 낮에는 도서관에서 토익과 전공 공부를 하고 밤에는 생활비를 벌기 위해 아르바이트를 하고 컵밥이나 삼각김밥으로 끼니를 때우는 사람이 많습니다.

저도 젊은 시절에 나름대로 치열한 인생을 살았습니다. 집안이 넉넉하지 않은 탓에 돈을 벌어 생활비를 마련해 살아야 했습니다. 부모님과 떨어진 서울에서 직장 생활을 해서 몸이 아파도 돌봐 줄 사람이 없었습니다.

저는 20대에 돈 버는 것에 집중한 나머지 제 자신을 보살피지 못했습니다. 어떻게든 서울에서 안락하고 편안한 집을 갖는 것이 꿈이었습니다. 상담 공부를 본격적으로 시작하기 전에 다녔던 첫 직장은 강남 신사동에 있는 작은 에이전시였는데, 그 당시 월급이 100만 원 초반대여서 월세를 내고 식비, 용돈을 쓰고 나면 20~30만 원도 저금하기가 어려웠습니다. 퇴근하고 나서도 아르바이트하면서 돈을 차곡차곡 모았습니다. 돈은 모일지언정, 너무 바쁜 나머지 마음을 돌볼 여유는 전혀 없었습니다. 그 당시에 저는 제 마음과 정신에 특별한 관심을 두지 않았습니다. 과거의 저는 좋은 직장에 취업해서 돈을 많이 벌고 좋은 집을 사서 부귀영화를 누리는 것이 최고의 기쁨이라고 믿었던 것입니다.

돈과 출세를 위해 앞만 보고 달린 젊은 시절에는 마음을 돌볼 여유가 없었고 주말에 집에 혼자 있을 때면 마음이 텅 빈 것 같은 공허감이 밀려 왔습니다. 아무것도 하지 않으면 잡념이 몰려 와서 그럴 때마다 친구를 만나거나 새로운 사업을 구상하며 바쁜 일상을 보냈습니다. 마음이 풍요롭지 못해서 타인을 배려하고 살펴볼 겨를이 없었습니다. 20대가 지나 뒤늦게 깨닫게 되었습니다. 물질적인 풍요도 중요하지만, 정신적인 풍요가 더 중요하다는 것을 말입니다.

나에게 이타적인 사람이 행복하다

우리는 일상생활 속에서 여유가 있을 때는 좋아하는 영화를 보고 충분한 휴식을 취하며 친구와 멀리 여행을 떠나기도 합니다. 건강을 위해 식이조절하며 건강한 음식을 자신에게 선물합니다. 자신이 좋아하는 일을 하면 기쁘고 행복합니다. 반면에, 육아에 신경을 쓰면서 직장 일까지 병행하는 바쁜 워킹맘이나 시부모님을 모시고 육아하는 엄마들은 자신을 보살필 시간이 없다고 말합니다. 어떤 엄마들은 "아이 키우는 게 우선이지 나를 생각할 여유는 없어요.", "잠잘 시간조차 부족해요."라고 말합니다. 바쁜 일로 나를 먼저 보살필 여유가 없다는 것입니다.

육아와 직장 일이 우선시된 나머지 자신의 감정, 사고, 건강은 관심 밖으로 밀려나 버립니다. 자신을 보살피기 어려운 이유는 스스로를 사랑할 방법을 모르기 때문입니다. 그리고 자신을 보살피는 방법도 잘 모릅니다.

우리는 자신을 보살피는 데 많은 정성과 시간이 필요하다고 생각하여 자신을 보살피는 노력을 게을리합니다. 그러나 자신을 보살피는 데에는 큰 노력이 필요한 것이 아닙니다. 매일 행하는 작은 습관만 바꾸어 주어도 충분히 나를 아끼고 사랑할 수 있습니다.

그럼 스스로를 보살피고 행복하게 해 주려면 어떻게 하면 좋을까요? 나에게 맛있고 좋은 음식을 대접하는 것, 깔끔한 옷을 선물하는 것, 건강을 위해 요가를 하는 것, 삶의 지혜를 주는 책을 가까이하는 것 등 다양한 방법이 있습니다.

어떤 사람은 자신을 보살피고 사랑하면 타인이 이기적이라고 말할까 봐 두려워 자신에게 베풀기는커녕 타인만을 위한 삶을 살기도 합니다. 이렇게 자기 자신에게 베푸는 일이 이기적인 행동이라는 왜곡된 믿음을 가진 사람들이 의외로 많습니다. 자신보다 타인에게 먼저 베푸는 것이 옳다는 생각을 갖기도 합니다. 그래서 자신보다는 언제나 아이와 남편이 우선인 삶을 살아나갑니다. 어떤 사람은 몸이 지치고 고달파도 치열하게 바쁘게 사는 삶이 유능하고 가치 있는 삶이라고 여깁니다.

나를 보살피는 가장 쉽고 빠른 방법은 나 자신에 관한 생각을 긍정적으로 바꾸는 일입니다. 자신을 긍정한다는 일은 자신을 있는 그대로 받아들이고 인정하는 것입니다. 본연의 모습을 이해하고 인정할 때 기쁘고 행복한 감정이 자연스럽게 찾아옵니다. 나를 긍정적으로 받아들일 때 좀 더 넓은 안목으로 세상을 바라볼 수 있습니다.

시험에 낙방하여 현실을 비관하던 사람이 자신을 긍정하면 시험에 합격하기 위해 열심히 노력하는 태도를 보입니다. 건강이 좋지 않아 우울한 엄마도 자신을 긍정하면 앞으로 약을 잘 챙겨 먹고 건강 관리를 열심히 할 수 있습니다.

　　나에 대한 긍정적 믿음과 매일 자신을 사랑하는 확언을 되뇌면 온전히 나를 사랑할 수 있게 됩니다. '나는 사랑받을 만한 가치가 있어. 나는 성장하고 있어. 나는 괜찮은 사람이야. 나의 자아는 강해지고 나는 더 단단해질 거야. 나는 나를 좋아해. 내가 사랑받으면 다른 사람들을 더 사랑해 줄 수 있어. 나는 축복받은 사람이야. 나는 소중한 사람이야. 내게는 매일 감사한 일들이 생겨.'라고 매일 아침 거울로 자신을 바라보며 말해 줍시다.

　　이러한 긍정 확언을 매일 말하면 자신에 대한 긍정적 믿음이 강화됩니다. 그리고 삶에서 긍정적 결과를 얻을 수 있도록 행동 습관을 바꿀 수 있습니다. '내가 행복해지려면 어떤 선택을 하면 될까?', '나를 아끼고 사랑하기 위해서는 어떻게 행동하면 될까?'를 생각하며 매일 자신을 돌보는 행동을 하나씩 실천해 봅시다. 긍정적으로 생각하고 말하면 반드시 행동도 바뀝니다.

　　'반드시 ~해야만 해.', '이 생각이 항상 맞아.'라고 비합리적인 당위적 사고를 주로 하면 다양한 상황에 대한 적응이 무척 어려워집니다. 문제를 해결하기 어려울 때, 잡념에 시달릴 때 걸으면서 '나는 문제를 해결할 수 있어.', '나는 잘하고 있어.'와 같은 긍정 확언을 되뇌십시오. 몸을 움직이면 부정적 생각에서 더 빨리 벗어날 수 있습니다.

　　　　　　　　　　　　　엄마의 감정 연습 •

풍요로운 삶을 위한 자존감 높이기 연습

매일 어떻게 하면 더 풍요롭고 행복한 삶을 살 수 있을지 고민해 봅시다. 주위 사람과 당신의 경험을 거울삼아 삶을 반성해 보고 저 멀리 도약해 볼 수 있습니다. 미처 깨닫지 못했던 장점을 찾아 새로운 가능성을 발견해 보십시오.

과거의 실수나 잘못을 반추한다든지 부정적 생각에 몰두하면 우울한 감정에 휩싸여 나를 돌볼 힘을 잃게 됩니다. 과거의 생각에 집착하기보다는 더 나은 내일을 살기 위해 어떻게 살아가는 것이 좋을지 해결책을 찾는 편이 더 낫습니다. 부정적 생각이 떠올라 괴롭다면 걷기 운동을 통해 잡념을 지울 수 있습니다. 걷기 운동은 우리의 뇌를 유연하게 만들어 바람직한 결정을 내리는 데 도움을 줍니다. 오른쪽, 왼쪽 발을 번갈아 움직이면서 좌우 뇌 반구에 번갈아 자극을 보내어 상황에 따른 올바른 판단을 할 수 있도록 돕습니다.

걷기 운동 외에도 스쿼트, 두발 점프, 복싱처럼 좌우측 신체를 함께 사용하는 양측성 운동은 정신적 안정을 돕고 합리적인 사고를 하도록 돕습니다. 행복한 감정도 선사하며 자존감을 높이는 데 도움을 줍니다.

내가 나를 포용해 주는 방법도 자신을 돌보고 사랑하는 데 도움이 됩니다. 특히 우울하거나 무기력한 사람, 삶이 불행하다고 느끼는 사람들이 이 자세를 취하면 감정을 다스리는 데 긍정적 영향을 미칩니다.

두 팔로 나를 안아 주는 자세를 취해 봅시다. 엄마가 아이를 안아 주듯이 자신을 포옹해 주십시오. 편안한 장소에서 다음 동작을 따라해 봅시다.

먼저, 오른손을 왼쪽 어깨에, 왼손을 오른쪽 어깨에 'X'자로 포개어 올려놓습니다. 그다음 손을 얹고 손가락 끝에 힘을 주며 나 자신의 어깨를 토닥여 줍니다. 손을 천천히 움직이며 양손을 같은 속도로 움직여도 좋고, 오른손과 왼손을 번갈아 가며 토닥여도 좋습니다. 편안하게 호흡하며 5분 정도 같은 동작을 반복합니다. 5분 이상 자신을 포옹해 준 뒤, 마음속에서 어떤 느낌이 올라오는지 집중해 봅시다. 마음이 편안해지고 따뜻해짐을 느끼면 그만해도 좋습니다. 아직도 마음이 힘들면 다시 같은 동작을 반복해 봅시다.

인생은 스스로 결정하는 것입니다. 타인에게 문제를 해결해 달라는 의존적인 태도로 삶을 타인에게 전적으로 맡기는 것은 무책임한 태도임에 틀림없습니다. 꿈꾸는 대로 결정하고 행동하십시오. 그것이 곧 자신을 아끼고 사랑하는 길입니다.

사소한 일에도 감사하는 마음으로 당신과 타인, 세상에 고마운 마음을 전하십시오. 매일 아침, 저녁으로 나에게 '고마워.', '감사해.'라고 표현합시다. 타인이 당신에 대해 칭찬한다면 기꺼이 받아들이며 상대방에게 감사를 전합시다. 우리는 충분히 그러한 말을 들을 자격이 있음을 되뇝시다. 인생은 스스로 만들어 나가는 것이고, 우리는 충분한 사랑과 보살핌을 받을 자격이 있음을 기억합시다.

Check! ∙∙∙
엄마의 감정 연습 넷째. 긍정적 감정을 키우는 4가지 방법

① 있는 그대로 상대를 바라보기

• 상대를 판단하는 말이 입 밖으로 올라올 때면 속으로 '그만.'이라고 외치자. 감정을 가라앉히고 생각이 정리될 때까지 어떠한 결정도 하지 않고 마음을 다스린다.

• 상대방이 이해가 되지 않는 행동을 하면 그럴 만한 이유가 있을 거라고 생각한다. 타인을 단정 짓는 말이나 생각이 떠오를 때면 그 생각이 합리적인지 질문해 본다.

• 상대방을 아군이라고 생각한다. 상대방이 실수할 때도 '멍청이'라고 단정하기보다는 솔직한 심정을 말하고 대화하자.

② 완벽함 내려놓기

• 통제할 수 없는 일에 무리한 욕심을 부릴 필요가 없다. 상황을 유연하게 받아들이자.

• 완벽주의에서 벗어나고 싶다면 자신을 존중하자. 나의 감정을 이해하고 공감해 주는 것, 아무런 조건 없이 나를 사랑해 주는 것은 진정한 자신을 찾는 데 도움이 된다.

③ 나에게 이타적이 되기

- 자신에게 맛있고 좋은 음식을 대접하고, 깔끔한 옷을 선물하고, 건강을 위해 요가를 하고, 삶의 지혜를 주는 책을 가까이한다.
- 매일 아침 거울로 자신을 바라보며 '나는 사랑받을 만한 가치가 있어. 나는 괜찮은 사람이야.'와 같은 긍정 확언을 하자. 이를 매일 하면 자신에 대한 긍정적 믿음이 강화된다.

④ 자존감을 높이는 연습하기

- 걷기 운동을 통해 잡념을 지워라. 걷기 운동은 우리의 뇌를 유연하게 만들어 바람직한 결정을 내리는 데 도움을 준다.
- 걷기 운동 외에도 스쿼트, 두발 점프, 복싱처럼 좌우측 신체를 함께 사용하는 양측성 운동은 정신적 안정을 돕고 합리적인 사고를 하도록 돕는다.
- 늘 감사하는 마음으로 자신과 타인, 세상에 고마운 마음을 전한다. 매일 아침, 저녁으로 '고마워.', '감사해.'라고 자신에게 표현하자. 당신은 충분히 그러한 말을 들을 자격이 있음을 되뇌여라.

Chapter 5.

상처받은 관계의
회복을 위하여

- 가족, 사회에서 필요한 인간관계의 기술

부모에게 받은 상처에서
벗어나는 법

　　원기 씨는 아버지에 대한 분노의 감정을 갖고 살고 있습니
다. 원기 씨는 9남매 중 차남으로 태어났는데, 가정형편이 여의치
않아 아버지가 장남인 형만 계속 학업을 시켰고, 차남인 원기 씨는
생업을 위해 학업을 포기하고 농사를 짓게 했습니다. 형은 건강하
지 못하여 어린 시절부터 병치레가 잦았고 집안의 장남이라 끝까
지 공부를 시킨 것입니다. 원기 씨는 공부 욕심이 많았고 공부도 잘
했지만, 가정형편이 어려워 어쩔 수 없이 학업을 포기하고 집안을
위해 농사를 지어야만 했습니다. 원기 씨는 늘 돈 없이 사는 것이
옛날에 학업을 이어가지 못하고 집안 뒷바라지를 한 탓이라고 한

탄했습니다. 원기 씨는 아버지로 인해 부와 명예를 얻을 기회를 잃어버렸다는 생각에 분노를 느꼈고 아버지가 돌아가셨을 때도 눈물한 방울 흘리지 않았습니다.

라희 씨는 아버지에 대한 원망스러운 마음이 가슴 한쪽에 자리 잡고 있습니다. 아버지는 과거에 돈으로 인해 힘든 경험을 하여 그런지 돈에 집착을 많이 했습니다. 라희 씨는 20대에 세상 물정 모르고 젊은 혈기로 살아갔습니다. 그런데 그녀는 부동산 투자를 잘못하여 급하게 돈이 필요했습니다. 아버지는 천만 원을 빌려줬지만 더 긴급한 상황에 이르렀을 때는 "돈 없다."라고 단호하게 말하며 돈을 빌려주지 않았습니다. 라희 씨는 제2금융권 대출까지 손을 대 더는 대출을 받기 어려운 상태였습니다. 그녀는 돈을 구하지 못하여 인생의 벼랑 끝에 서는 경험을 했습니다. 급전을 겨우 구해 신용불량자가 되는 신세는 면하게 되었습니다.

그 후 라희 씨는 직장을 다니면서 저녁에는 텔레마케팅, 서빙 아르바이트를 하며 돈을 차곡차곡 모았습니다. 몇 년간 돈을 모아 빚을 모두 갚고 아버지에게 빌린 돈도 이자까지 보태어 보냈습니다.

라희 씨 눈에는 아버지 인생에서 돈이 가장 중요한 것처럼 보였습니다. 자식들에게조차 돈을 쓰지 않을 정도로 인색하다고

엄마의 감정 연습 •

느꼈습니다. 어린 시절 라희 씨 기억의 아버지는 계란과자를 사주며 머리를 쓰다듬어 주던 따뜻한 분이었는데, 지금의 아버지는 냉정하고 자신을 위해서만 사는 것 같아 마음에 상처를 입었습니다.

만만한 사람에게 화를 표출하는 전치

우리는 살아가면서 크고 작은 일을 겪으며 마음의 상처를 입고 분노라는 감정을 만날 때가 있습니다. 화나는 감정은 누구나 느끼지만, 화는 부정적 감정이라는 생각에 마음속에 꽁꽁 묶어 두고 표출하지 않는 사람이 많습니다. 화가 난 것을 표현하면 못난 사람처럼 보일까 봐 자신의 분노를 억압하기도 합니다.

어떤 사람은 화가 났을 때 자신보다 약한 사람에게 화를 풉니다. 위협적인 대상에게 느낀 감정을 위협적이지 않거나 만만한 대상에게 표출하는 것을 심리학 용어로 '전치(Displacement)'라고 합니다. 이는 화나는 감정으로 인해 약한 제3자가 아무 이유 없이 피해를 보는 꼴입니다.

어떤 사람은 화가 가슴속에 가득하여 타인도 그 사람이 화난 것을 알고 있지만 정작 본인은 화가 나지 않았다며 화라는 감정을 부정합니다. 분노를 제대로 다스리지 못해 거식증, 폭식증과 같이 섭식장애가 나타나기도 하며 술을 지속해서 마셔 알코올중독 환자가 되기도 합니다.

화날 때는 대부분 합당한 이유가 있다고 생각합니다. 상대방에게 바람직하게 행동했으나 상대방의 잘못된 언행으로 상처를 받았다면 이에 분노를 느낄 수 있습니다.

반대로 상대방이 화를 낼 때는 어떻게 생각하시나요? '별로 대수롭지 않을 일로 너무 심하게 화를 내는구나.', '성격이 무척 급한 사람이구나.', '나를 미워해서 화를 내는 걸 거야.'와 같이 상대방을 부정적으로 생각하고 그가 화를 내는 부정적 동기를 가졌을 것으로 생각합니다. 즉, 내가 화를 낼 때는 정당한 이유가 있으므로 당연히 내야 한다며 합리화하고, 상대방이 화를 내면 그의 정확한 의도를 알지 못하면서도 나를 나쁜 의도로 공격하는 것으로 추측하기도 합니다. 이는 내가 상대방에게 화를 냈을 때도 똑같이 적용됩니다. 상대방은 나의 나쁜 의도로 화를 낸다고 추측하여 분노하며 싸움까지 이를 수 있습니다.

화와 분노를 표현하면 안 되는 부정적 감정이라고 생각하는 사람들이 많지만, 감정에는 좋고 나쁨이 없습니다. 화와 분노는 우리가 일상생활을 살아가면서 자연스럽게 느끼는 감정입니다. 분노라는 감정을 오랫동안 가지면 가슴속에 억울함과 한이 남아 몸과 마음을 다치게 합니다. 그렇기에 감정을 적절하게 표현하여 감정

엄마의 감정 연습 •

의 폭발을 미리 방지하는 것이 좋습니다.

분노의 화염에서 벗어나는 법

그러면 화와 분노의 감정을 어떻게 표현하고 다스리면 좋을까요? 분노의 감정을 외면하거나 숨기는 것은 문제를 해결하는데 도움이 되지 않습니다. 분노를 억압하면 가슴속에 쌓여 그에 대한 미움이 더 커지고 언젠가는 '펑' 하고 폭발할지도 모릅니다. 그렇다고 분노를 느낄 때마다 상대방에게 공격적으로 표출하는 것 또한 좋지 못합니다. 상대방은 당신의 분노에 공포와 불안을 느껴 문제 상황이 더욱 악화할 것이기 때문입니다.

분노를 느낄 때 완곡한 표현으로 분명하고 명확하게 당신의 감정을 전달하는 것이 중요합니다. '당신 때문에 화가 났어요.'가 아닌 나를 주어로 자신의 감정과 생각을 전달해 봅시다. "나는 당신이 약속을 어긴 것 때문에 화가 났어요. 앞으로는 약속을 잘 지켜 줬으면 해요.", "나는 당신이 전화 없이 외박해서 무슨 일이 생겼나 걱정되기도 하고 화도 났어요. 앞으로는 늦게 귀가하는 일이 있을 때는 미리 알려주세요."와 같이 표현하면 상대방이 감정과 욕구를 이해하고 공감할 수 있습니다.

상대방으로 인해 마음의 상처를 입고 분노가 쌓이면 그를 용서하는 일이 쉽지 않습니다. 상대방을 용서하기 위해서는 그에 대한 화, 분노, 원망의 감정을 충분히 느껴야 합니다. 이러한 감정을 느낀 뒤 나에 대한 슬픔과 애도의 시간을 가짐으로 우리는 좀 더 성숙해질 수 있습니다. 우리의 감정이 깨끗이 정화되고 시간이 흐를수록 그에 대한 분노에서 자유로워집니다.

용서는 상대방에게 화와 분노, 원망의 감정이 느껴지지 않고 당신의 마음도 불편하지 않을 때 가능해집니다. 이제는 상대방도 행복한 인생을 살기를 바라며 그로부터 자유로운 나만의 길을 걸어 갑시다. 그가 행복해지길 진심으로 바라는 것은 그를 용서할 때 가능해집니다.

용서학의 세계 최고 권위자인 프레드 러스킨(Fred Luskin) 박사는 "용서란 이미 일어난 나쁜 일이 비록 나의 과거를 망가뜨렸을지언정, 오늘과 미래는 결코 파괴할 수 없다는 힘찬 자기 선언입니다."라고 말했습니다. 상대방을 용서하면 화와 분노의 감정에서 벗어날 수 있습니다. 상대방이 나에게 해를 끼칠 의도로 다가와 상처를 주고 분노하게 했다고 상상하지 마십시오. 우리는 상대방의 속마음을 정확히 알 수 없으며 그의 숨은 의도를 알지 못합니다. 그가 부정적 생각으로 당신에게 이렇게 행동했을 것이라는 비합리적인 생각은 관계를 악화시키며 그를 절대 용서할 수 없게 만듭니다.

엄마의 감정 연습 •

상대방을 용서하지 않으면 당신은 과거를 되새기며 그에 대한 분노와 저주의 감정으로 밤잠을 설칠지도 모릅니다. 그러면 과거에 집착한 나머지 현재와 미래의 삶은 분노와 고통으로 가득 차게 됩니다. 억울한 마음에 그도 나와 똑같이 상처받고 고통스러워하기를 바랍니다. 누구에게든 좋지 않은 일이 생길 수 있고 인생은 공평하지 않음을 받아들입시다. 당신 역시 자신도 모르게 타인에게 상처를 주고받았음을 기억하며 용서하는 마음을 가지기를 권합니다. 사람은 누구나 실수하고 잘못할 수 있습니다.

앞으로의 삶을 당신이 선택하고 결정하기 위해서는 분노의 감정을 내려놓고 그를 용서해야 합니다. 긍정적 상황으로 변화하기 위해서는 당신부터 변화되어야 합니다. 용서는 당신을 힘들게 한 그의 결핍, 두려움을 이해하고 공감할 때 더 쉽게 일어납니다. 공감은 그의 입장이 되어 그 사람의 감정을 느껴보는 것입니다. 상대방의 어려움을 공감하면 당신 자신도 완벽한 사람이 아님을 깨닫고 겸손한 마음을 가질 수 있습니다. 그의 고통과 아픔이 당신 가슴에 전해지나요? 상대방의 문제로 인해 내 삶이 송두리째 흔들려서야 될 일인가요?

과거의 괴로운 문제로 당신의 몸과 마음을 앞으로도 괴롭힐지 아니면 분노를 털어 버리고 미래를 위해 상대방을 용서할지는 당신이 선택할 수 있습니다. 무엇을 선택하느냐에 따라 삶이 결정되는 것입니다.

　　마음을 편히 갖기를 권합니다. 용서는 어느 누구도 아닌 자신을 위한 일입니다. 용서는 어두운 과거에서 벗어나게 하며 새로운 희망을 안겨 줍니다. 그러니 행복과 자유를 만끽하고 싶다면 부디 그 사람을 용서하십시오.

남 탓하기보다
자신을 되돌아보는 마음

도희 씨는 시어머니가 자신을 미워한다며 속상해했습니다. 시어머니가 모든 일에 일일이 간섭하며 깐깐하게 군다고 했습니다. 도희 씨가 아이를 거실 창가에서 재우면 시어머니는 "햇볕 드는 데서 아이 재우면 안 된다. 방에서 재워라."라고 말했습니다. 저녁에 식사 준비를 할 때면 "간장에 참기름이 너무 많이 들어가서 맛이 없잖니."라고 핀잔을 줬습니다. 프라이팬을 가스레인지 위에 올려놓았더니 "불이 날 수 있으니 프라이팬은 항상 다른 곳에 두어라."라고 말했다고 합니다. 도희 씨는 시어머니가 매사에 깐깐하게 야단쳐서 머리가 아팠습니다.

사실 도희 씨도 물건이 제대로 정리되지 않거나 제자리에 놓이지 않으면 가족에게 이런저런 지적을 합니다. 남편에게 "여보, 분리수거를 이렇게 하면 어떻게 해요. 캔이랑 플라스틱이랑 따로 정리해야죠."라며 제대로 정리되지 않은 것을 그냥 넘기는 법이 없습니다.

도희 씨는 자신의 깐깐한 성격을 시어머니에게서 본 것입니다. 자신이 느끼는 감정, 생각 등을 타인의 것으로 지각하는 것을 심리학 용어로 '투사(Projection)'라고 합니다. 투사는 자신의 수치스럽고 부정적 감정을 드러내는 일이 두려워 타인의 것으로 돌리는 것입니다. 결국 도희 씨는 자신의 깐깐한 성격을 시어머니에게 투사한 것이라 볼 수 있습니다.

심리적으로 미성숙한 사람은 자신과 타인의 감정을 구분하지 못합니다. 상대방이 자신을 싫어한다고 느끼지만, 정작 자신이 상대방을 싫어하는 것일 수 있습니다. 미성숙한 사람은 자신이 미움, 싫음, 짜증, 분노와 같은 부정적 감정을 느끼는 것을 용납하기 어려우므로 이러한 감정을 상대방의 것으로 무의식적으로 단정 짓습니다.

일상에서 투사의 예로 흔히 볼 수 있는 것은 남 탓을 하는 것입니다. 수진 씨는 타인이 자신을 경계하고 적대감을 가진다고 느

엄마의 감정 연습 •

끼지만, 정작 수진 씨 자신이 타인을 의심하고 적대적인 태도를 보이는 것입니다. 수진 씨는 내면에 억압하는 감정인 적개심을 타인에게 투사한 것일 수 있습니다.

태수 씨는 승진한 영진 씨를 보고 아첨으로 승진했다며 그를 미워했습니다. 영진 씨가 상사의 마음에 들게 행동하면 눈엣가시처럼 보이는 것입니다. 본질적으로는 태수 씨는 영진 씨가 아첨하는 일을 미워하는 것이 아니라 자기 내면의 아첨하고자 하는 마음을 미워한다는 표현이 맞을 것입니다.

책임을 돌려 타인을 탓하는 투사는 심리적으로 성숙하지 않은 사람이 자주 사용하는 방어기제입니다. 투사는 불안을 낮추기 위해 무의식적으로 사용되지만 마주하기 힘든 부정적 감정을 외부로 옮긴 뒤에는 진실한 감정을 자각할 힘을 잃습니다.

투사는 한 개인뿐만 아니라 집단에도 적용됩니다. 세상에는 여러 종교와 사상이 존재하지만, 집단은 다양성을 수용하지 못하고 흑백논리로 구분 짓는 경향이 강합니다. 문제의 원인을 일부 집단에서 찾고 투사하여 그 집단을 악한 존재로 단정 짓고 혐오합니다. 대체로 다수가 소수의 힘이 약한 집단에 책임을 전가하여 죄를 뒤집어씌웁니다. 사람은 대체로 약자에게 투사함으로써 자신의 결백을 증명하려 듭니다. 집단투사는 죄 없는 사람을 집단이 공격함으로써 끝내는 한 개인을 죽이는 행위임을 잊어서는 안 될 것입니다.

문제를 키우는 방어기제, 투사와 억압

방어기제는 고통스러운 일로부터 자신을 보호하기 위하여 자동으로 취하는 적응 행위를 말합니다. 방어기제의 종류에는 부정, 투사, 억압, 합리화, 승화 등이 있는데, 사람들은 방어기제를 사용하여 마음의 아픔과 괴로움을 줄여 나갑니다.

심리적으로 건강하지 않은 방어기제로 앞서 말한 투사와 억압(Repression)을 들 수 있습니다. 둘 다 무의식적으로 문제를 회피하는 특징을 보이는데, 투사는 외부에 문제가 있다고 여기는 것이고, 억압은 문제를 내면에 억눌러 버리는 것입니다.

억압은 고통스러운 기억을 무의식적으로 지워 버리지만 문제와 관련된 감정은 그대로 남아 삶에 지속해서 영향을 미칩니다. 사고로 엄마가 세상을 떠났지만, 살아 있다고 믿고 기다리는 아이가 억압의 예입니다. 어린 시절, 아빠에게 학대를 당한 분노를 억눌러 무의식적으로 아빠에 대한 말을 하지 않는 아이도 비슷합니다.

자신이 수치스럽거나 나쁘다고 치부하는 속성은 외부로 투사되기 쉽습니다. 앞서 사례에서 도희 씨는 깐깐한 성격을, 수진 씨는 적대적인 태도를, 태수 씨는 아부하는 행동을 나쁜 것이라 여겨 억압해 온 것입니다. 투사는 자신이 억압한 특성이 있는 사람을 싫어하고 미워하게 만듭니다.

성숙한 사람은 투사를 이해하고 행동에 책임질 줄 압니다.

'내가 깐깐한 성격이구나.', '내가 상대를 적대적으로 바라보고 있구나.', '내가 윗사람에게 아부하고 싶구나.'라고 자신의 마음을 이해하고 받아들이는 일이 자기 인식의 첫걸음입니다. 자신에게 그러한 욕구가 있다는 점을 알면 왜곡된 감정에 휩쓸리지 않습니다.

자신이 수치스러워 하여 외부로 밀어내고 싶은 특성도 자신의 것임을 받아들이면 마음이 한결 편안해집니다. 수치스러운 특성을 억압하는 일에 힘들이지 말고 수용해 봅시다. 내면의 어두운 그림자를 있는 그대로 받아들이는 일이 참된 자기 사랑입니다. 자신의 부정적 면을 받아들일 수 있는 사람은 타인을 수용할 마음의 그릇도 큽니다.

남 탓을 멈추고 자신을 성찰할 수 있는 사람, 자신의 감정을 진실하게 표현할 수 있는 사람이 행복하게 살 수 있습니다. 자기 감정이 수치스러워 내면에 감추고 방어기제를 많이 사용하는 사람일수록 진실한 자아를 만나기 어렵습니다.

문제를 해결하는 방어기제, 승화

가장 성숙한 방어기제는 '승화(Sublimation)'로, 자신의 고통을 승화시킬 수 있다면 심리적으로 건강한 사람입니다. 승화는 불편한 충동을 사회적으로 용납하거나 유용한 방식으로 표현하는 것입니다. 사람은 누구나 방어기제를 사용하는데, 미숙한 방어기제보다는 성숙한 방어기제를 사용하면 사회생활 적응에 도움을 줍니다. 억압, 투사와 같은 미성숙한 방어기제를 주로 사용하는 것은 자신뿐만 아니라 상대방에게도 고통을 안겨 줍니다.

투사보다는 자기감정에 대한 이해와 수용, 또는 성숙한 방어기제인 승화를 통해 진정한 자신을 알아차릴 수 있습니다. 아이를 낳지 못한 여자가 보육원에서 아이를 지극 정성으로 돌보는 것, 가족으로부터 받은 스트레스를 꽃꽂이나 봉사활동을 하며 푸는 것, 청소년기의 충동적인 성적 욕구를 운동이나 춤으로 발산하는 것도 승화의 예입니다. 마음의 상처는 괴로움과 슬픔을 가져다 주지만 이를 사랑의 감정으로 승화시키면 성장의 토대가 됩니다.

주위에 남 탓하는 사람을 볼 수 있습니다. 남 탓으로 치부하기 전에 자신에게는 그런 속성이 있지는 않은지 먼저 되돌아볼 일입니다. 자신의 잘못은 생각하지도 않고 타인의 잘못으로만 돌리는 미성숙한 태도를 반성해 볼 일입니다. 불편한 상황과 감정을 마주하는 용기를 발휘하여 투사에서 벗어날 수 있습니다. 이러한 용기는 스스로에게서 나옵니다. 객관적으로 상황을 바라보며, 성숙한 태도로 자신을 되돌아봅시다. 미성숙한 방어를 버리려는 능동적인 노력은 자신을 통찰할 수 있게끔 합니다.

고독한 시간을
즐기는 여유

유정이는 최근에 엄마와 다투고 상담실에 찾아왔습니다.

"저는 엄마와 다투고 나서 혼자 있고 싶을 때가 많지만, 막상 엄마와 떨어져 방에 혼자 있으면 마음이 불안하고 우울해요."

유정이를 비롯한 요즘 아이들은 반 친구들과 함께 수업을 듣고, 학원에서 함께 공부합니다. 항상 여러 사람에게 둘러싸여 있으니 혼자만의 시간을 가질 여유가 없습니다. 혼자 있게 되더라도 이내 엄마가 찾는 경우가 많습니다. 그러다 보니 아이들은 자신을 되돌아볼 시간을 가지지 못합니다.

아이와 마찬가지로 워킹맘도 회사 일을 마치고 저녁 늦게 집에 돌아오면 인간관계, 일에 지쳐 파김치가 되기 일쑤입니다. 휴가를 내는 날이면 '정말 제대로 쉬어 줘야지.'라고 생각합니다. 그렇지만 정작 휴가를 받아 쉬게 되었을 때 느끼는 행복은 잠시뿐입니다. 밀린 집안일에 대한 걱정과 아이들 공부를 봐 줘야 한다는 생각에 쉬는 것에 대한 죄책감과 불안감이 밀려듭니다. 엄마는 바쁜 일상 속에서 혼자만의 시간을 갖게 되더라도 자신을 돌보기보다는 남편, 아이를 위해 무엇으로 더 헌신할지를 고민하기 바쁜 것이 현실입니다.

영주 씨는 집에서 돌이 지난 아이를 키우고 있는데, 화장실에 갈 여유도 없다며 속상해합니다. 아침에 남편이 출근할 때 아침상을 차려 주고 아이 이유식을 만들고 집 안을 청소합니다. 그러고 나면 오후 2~3시를 훌쩍 넘어갑니다. 아이는 매시간 배고프다며 웁니다. 이유식을 떠먹이고 아이를 달래어 겨우 잠을 재웁니다. 아이를 돌보느라 집 밖으로 나갈 시간이 없어 반찬거리는 항상 인터넷으로 주문합니다. 영주 씨는 바쁜 일상에 찌들어 조용히 혼자서 커피 한잔 마실 여유조차 없는 현실이 우울합니다.

엄마가 가장 먼저 챙겨야 할 정신 건강

집안 살림과 육아에 전념하다 보면 혼자 사색하며 자신을 돌아볼 만한 여유를 가지기 어렵습니다. 아이와 남편에게 부대끼다 보면 에너지가 금세 바닥나고 스트레스로 심신이 피곤해집니다. 24시간 아이를 돌보다 보면 피로가 쌓여 짜증이나 화가 밀려오기 십상입니다.

엄마의 정신 건강을 위해서 혼자 있는 시간을 충분히 가질 것을 권합니다. 어머니나 남편, 지인이 아이를 돌봐 줄 수 있을 때 잠시 육아를 맡기고, 좋아하는 곳에 가서 치유의 시간을 가져 봅시다. 피로를 풀기 위해 마사지를 받거나 사우나를 하면서 휴식을 취하는 일, 커피숍에서 혼자 책을 읽으며 삶을 되돌아보는 일, 차를 몰고 야외로 나가 바다 구경을 하고 오는 일 등은 혼자만의 시간 속에서 오롯이 자신에게 집중할 수 있고 온전히 삶을 살아나갈 힘을 가져다줍니다. 어렵겠지만 짬을 내어 집 근처 자연이 있는 평온한 공간에서 마음을 돌보고 사색해 봅시다. 종교인이라면 기도한다거나 혼자만의 시간을 가지는 일은 육아 스트레스를 날리고 엄마의 내면을 성숙하게 합니다.

다양한 일들로 머리가 복잡하다면 잠시 그곳에서 벗어나 혼자만의 여유를 가지는 것이 혼란스러운 마음을 정리하는 데 도움이 됩니다. 복잡한 스트레스 상황에 놓이면 우리의 뇌는 지치고 빠르게 노화됩니다. 주위에서 일어나는 다양한 일을 동시에 즉각적으로 처리하는 것은 현실적으로 불가능합니다. 또 여러 일을 함께 처리하는 것은 뇌의 인지기능을 떨어뜨려 제대로 된 결정을 하기 어렵게 만듭니다.

고독의 시간은 내면을 성장시킨다

저는 상담실을 혼자 사용합니다. 많은 아이와 학부모를 상담하다 보면 정신적 에너지가 쉽게 고갈되고 스트레스를 받는 날이 많습니다. 상담은 사람의 감정을 다루는 일이라 일반 사무직보다 업무로 인해 받는 스트레스가 많습니다. 상담이 없는 시간에 혼자 있는 공간은 지친 나에게 에너지를 충전하고 기운을 북돋워 삶의 활력을 줍니다.

혼자만의 시간과 공간에서 위로받고 주위를 둘러볼 수 있는 여유를 갖습니다. 마음의 여유는 상대방을 배려하고 세상을 따뜻하게 만드는 에너지를 제공합니다. 혼자만의 공간은 마음을 안정시키고 나를 성찰할 수 있게 합니다. 인생이 꼬여 일이 잘 풀리지 않는 사람, 인간관계로 고민하는 사람, 육아에 지친 사람은 혼자만의 휴식시간이 절대적으로 필요합니다.

대부분의 사람은 친구와 커피숍에서 수다를 떨고, 지인과 즐

겹게 지내는 일이 행복이라 생각합니다. 타인은 당신의 삶에서 중
요한 존재이지만, 타인과 함께하는 시간만으로는 성장하는 삶을 살
기 어렵습니다.

정신분석학자 도널드 위니콧(Donald W. Winnicott)은 고독이 사
람에게 이롭기에 고독의 긍정적 측면을 자세히 살펴볼 필요가 있
다고 말했습니다. 성공한 대부분의 사람은 고독함을 즐기며 혼자
만의 시간을 통해 건설적인 생각을 한다고 합니다.

고독을 부정적 편견으로 바라보는 사람이 많다 보니 내면을
성숙하고 풍요롭게 만들 기회가 줄어듭니다. 이제는 고독과 외로
움에 대한 잘못된 시선에서 벗어나 자아실현을 위해 홀로 보내는
시간의 중요성을 이해할 필요가 있습니다.

시인 샤를 보들레르(Charles Baudelaire)는 "고독은 사람에게 해
롭기는커녕 행복을 준다."라며 고독한 시간이 주는 행복에 대해 말
한 바 있습니다. 미국의 퓨 리서치 센터(Pew Research Center)에서 연
구한 결과, 성인의 85퍼센트는 혼자 있는 시간의 중요성을 인식하
고 혼자 있는 시간이 필요하다고 응답한 것으로 나타났습니다. 이
렇듯 혼자 있는 시간은 자신을 성찰하고 미래를 준비하기 위한 소
중한 시간입니다.

그러나 많은 사람이 혼자만의 시간을 원하면서도 혼자 행동

하는 일은 두려워합니다. 혼자 밥을 먹으면 '나를 매력 없는 사람으로 생각하는 건 아닐까?'와 같이 타인의 시선을 의식합니다.

　우리 대부분은 집단에 끼지 못하면 아웃사이더, 매력 없는 존재로 보일까 봐 마음이 불편하고 힘들어도 어떻게든 무리에 속하려고 노력합니다. 정작 자신의 마음은 불편하든 말든 중요하게 생각하지 않습니다.

　인생이 바쁘고 고단할수록 혼자 있는 시간을 가지는 일이 중요합니다. 복잡한 자극에서 벗어나 조용히 내면을 성찰해 보면 문제 상황을 객관적으로 바라볼 수 있고, 쉽게 해결할 방법을 찾을 수 있습니다.

　혼자 있는 시간은 우리의 오감을 예민하게 만들어 직관적인 사고를 가능하게 합니다. 관계에서 벗어나 내면에 집중하며 마음의 평화를 느껴 봅시다. 혼자 있는 시간은 당면한 스트레스에서 벗어나게 해 줄 것입니다. 이 시간에 진실로 당신이 원하는 것이 무엇인지 마음의 소리를 들을지도 모릅니다.

　다시 한 번 말하지만, 우리의 내면을 성숙하게 하고 견고하게 만들기 위해서는 혼자만의 시간을 충분히 가지는 일이 필요합니다. 혼자 있는 시간은 세상과 담을 쌓고 도피하는 것이 아니라 온전히 자신을 느끼고 인생의 즐거움을 맛보는 소중한 시간입니다.

혼자 있는 시간 중에 우리는 자유를 경험할 수 있습니다. 오로지 자신이 선택하고 원하는 대로 행동할 수 있는 자유를 얻어 보십시오.

혼자 있는 시간 속에서 자아를 더욱 단단하게 성장시켜 보시길 바랍니다. 성숙한 사람은 혼자 있는 시간을 즐기며, 내면을 성장시키는 데 그 시간을 활용합니다. 혼자 있는 고독한 시간 속에서 인생이 좀 더 여유로워지고 밝아지는 경험을 하시길 바랍니다.

타인의 인정 욕구를
채워 주는 것

대다수 사람은 타인에게 인정받고 싶어 합니다. 자신이 만족하는 것보다 타인이 자신을 인정해 주는 일에 더 높은 가치를 두는 사람도 많습니다. 다른 사람에게 자신이 중요한 존재로 존중받기를 원하는 것입니다. 특히, 자신과 밀접한 관계를 맺고 있는 소중한 가족, 친구, 직장 동료와의 사이에서 더욱 인정받기를 바랍니다.

내담자였던 수지 씨는 어린 시절, 엄마의 인정에 목말라 하는 아이였습니다. 엄마는 수지 씨가 하는 일이 뒤숭숭하다며 집 안 청소도 시키지 않았습니다. 엄마가 "우리 딸은 깨끗하게 청소도 참

잘하는구나!"라고 인정하고 칭찬했다면 얼마나 좋았을까요? 수지씨는 성인이 되었지만 어린 시절 어머니로부터 인정받지 못한 서운함을 울먹이며 표현했습니다.

주위 사람들에게 인정받느냐, 받지 못하느냐는 삶에 많은 영향을 끼칩니다. 만약 존경하던 교수님이 "리포트가 대단히 훌륭하군요. 잘해 낼 줄 알았어요."와 같이 말한다면 인정받았다는 생각에 기쁘고 감사한 마음이 들 것입니다.

직장에서 상사가 당신을 믿고 인정한다면 당신의 존재감은 더욱 빛을 발합니다. '넌 뭐든지 잘하는 아이야.', '당신은 배려심이 많고 마음이 넓은 사람이야.', '오늘 강의 내용이 알차고 좋았어요.', '당신이 최고야.'와 같이 우리는 타인으로부터 인정받을 때 정신적으로 만족감을 느끼고 삶의 기쁨을 느낍니다.

반면에 타인에게 인정받지 못하고 무시, 냉대를 받는다면 마음이 우울해집니다. 자신이 무가치한 존재가 된 것처럼 느껴지고 외로워집니다. 종종 인정받기 위해 집단에서 으르렁거리며 다툼을 일으킵니다. 인정 욕구가 큰 사람은 다른 사람의 평가에 예민할 때가 많습니다. 타인이 나를 인정하지 않을 때 그 속상함과 서운함은 말로 표현할 수 없을 정도로 큽니다. 우리는 타인의 인정을 바라며 인정이 곧 자신의 가치와 결부되는 것으로 생각합니다.

인정 욕구의 긍정적 역할과 부정적 결과

미국의 심리학자 에이브러햄 매슬로(Abraham Harold Maslow)는 '욕구 5단계 이론'에서 '생리적 욕구', '안전 욕구', '소속 및 애정 욕구', '존경 욕구', '자기실현 욕구'를 단계별로 설명했습니다. '인정 욕구'는 '존경 욕구'라고도 불립니다. 매슬로는 존경 욕구 단계에서 사람은 자신이 가치 있는 존재로 타인에게 높게 평가받고 인정받기를 원한다고 설명했습니다. 우리는 타인에게 인정받기 위해서 타인을 돕고 배려하기도 합니다. 인정 욕구를 채우기 위해 사람들은 명예를 얻거나 성공하려고 노력합니다.

한 공기업에서 상사에게 인정받은 사람과 인정받지 못한 사람의 내적 동기에 관해 연구한 결과, 상사에게 인정받은 사람은 인정받지 못한 사람에 비해 내적 동기가 크고 자기 일에 더 몰두하는 것으로 나타났습니다. 동기는 행동을 유발하거나 유지하게 하는 내적인 상태입니다. 이것은 외적 동기와 내적 동기로 나뉘는데, 외적 동기는 어떤 일을 행한 결과 얻게 되는 보상이나 벌에서 비롯되는 동기를 말합니다.

이에 반에 내적 동기는 어떤 일을 행하는 그 자체가 보상인 동기로 일에 대한 흥미, 만족감, 성취감에서 비롯됩니다. 내적 동기가 높다는 것은 일 자체가 즐거워 몰입함을 뜻합니다. 타인에게 인정받고 싶어 하는 마음은 우리에게 에너지를 충전해 주어 삶에서 더 많이 노력할 수 있게 하는 원동력이 됩니다.

미영 씨는 어린 시절에 가족에게서 인정받은 경험이 많지 않아서 인정을 받기 위해 치열하고 바쁘게 살았습니다. 무언가를 잘하지 못한다는 생각과 불안감을 떨쳐 버리고자 남들보다 더 많이 노력했습니다. 늦은 나이에 임용고시를 준비할 때도 남에게 인정받고 싶은 마음에 허약한 몸으로, 끝까지 인내하며 공부했습니다. 노력하는 과정이 힘들어도 강한 정신력으로 꾹 참고 끝까지 완주했습니다. 미영 씨는 타인의 인정을 받기 위해 삶을 좀 더 바쁘게 살고 최선을 다해 노력했더니 자신을 한층 더 성장하게 만든 계기가 되었습니다.

그런데 최근에는 인정 욕구가 지나쳐 사회에서 문제가 되는 경우가 있습니다. 다른 사람의 관심을 받지 못하면 견디지 못하는 속칭 '관종(관심종자)'도 늘고 있습니다. 직장에서 상급자가 부하직원의 아이디어를 본인의 것인 양 가로채어 회사에서 인정받고 승진하는 사례도 있습니다.

인정 욕구 때문에 회사 내에서 집단따돌림이 발생하기도 합니다. 직장 상사가 어떤 직원을 칭찬할 때 다른 직원이 상사에게 인정받고 싶은 마음에 인정받은 직원을 시기하고 질투하는 경우입니다. 이로 인해 직장 분위기가 냉랭해지고 인정받은 직원이 따돌림의 대상이 됩니다.

형제지간에도 부모에게 더 사랑받기 위해 라이벌 의식을 느끼며 다투기도 합니다. 엄마가 누구에게 눈길을 더 주고 아껴 주는지 비교하며, 엄마의 인정을 받지 못한 아이는 서운함과 분노를 감추지 못합니다.

나 자신을 위해 사는 법

그렇지만 타인에게 인정받는 것보다 더 중요한 것은 자신을 인정하고 삶의 목표를 향해 나아가는 것입니다. 부와 권력을 가져 세상에서 성공한 사람이라 하더라도 모든 사람에게 인정받을 수는 없습니다. 어떤 일을 하더라도 반대 의견을 가진 사람들은 항상 존재하기 마련입니다. 타인의 인정을 받으면 좋겠지만 그렇지 않더라도 크게 낙심할 필요는 없습니다. 스스로가 자신을 가치 있고 소중한 존재라고 인정할 때 비로소 마음에 평안과 사랑이 찾아옵니다.

'아이를 돌보느라 사회생활을 못 했지만, 아이가 건강하고 예쁘게 커 나가는 모습을 보니 참 뿌듯해.', '자격증 시험에 떨어졌지만 그렇게 열심히 노력한 것도 정말 대단한 거야. 난 내가 자랑스

러워.', '난 돈은 없지만, 사람들에게 도움을 주고 배려하는 사람이
야. 이런 내가 정말 멋져.'와 같이 자신을 존중하는 말을 하면 자아
가 더 단단해지고 자존감도 높아집니다.

매일 아침 거울을 보면서 '오늘도 멋진 하루가 시작되었어.
난 매일 더 성장하고 강해지고 있어.'처럼 긍정 확언을 하는 법도
스스로를 인정하는 데 도움이 됩니다. 자신을 아끼고 사랑하는 사
람이 타인의 인정도 받아들일 수 있습니다.

남의 인정만 바라면 타인이 원하는 삶을 살게 됩니다. 타인
이 바라는 대로 살면 자유롭게 행동하기도 어렵습니다. 사람들에
게 인정받기를 원해서 그들의 평가에 집착하면 온전히 자신이 꿈꾸
는 인생을 살기가 어렵습니다. 자신의 말과 행동, 생각이 사람들의
반응에 따라 달라져야 할 테니 정신적인 에너지 소모도 커집니다.

자신의 주장이 확고한 사람은 집단에서 미움의 대상이 되는
경우가 많습니다. 영리하고 탁월해서 직장에서 눈에 띄는 사람이
주위 사람의 경계로 인해 더 빨리 퇴사하는 경우가 많습니다. 그렇
지만 주위 사람으로부터 인정받기 위해 조용히 묻어가는 삶, 웅크
린 삶은 과연 행복할지 의문이 듭니다.

사람들에게 인정받지 못하거나 다른 사람이 나에게 실망하
는 일을 두려워하지 마십시오. 다른 사람의 욕구와 바람에 맞추어

살아야 한다는 의무감은 과감히 버려도 됩니다. 다른 사람이 바라는 것이 당신의 목표가 될 수는 없습니다.

새로운 방향으로 일을 계획할 때 사람들의 부정적 반응을 매번 염두에 두고 그들의 인정을 갈구한다면 원하는 대로 일을 진행하기 어렵습니다. 그렇기에 지금 현재 하는 일에 몰두하며 스스로가 만족할 만한 일을 계획하고 추진하기를 추천합니다. 일의 결과에만 초점을 두지 말고 노력하는 과정을 중요하게 생각하고 스스로 만족하도록 하십시오. 최선을 다하는 자세에 대해 자신을 인정하고 격려해 주십시오.

타인을 인정해 주는 법

자신을 인정함과 동시에 상대방을 인정할 때 세상은 더욱 밝고 행복해집니다. 상대방을 인정하면 그는 삶의 활력을 가지고 더 의욕적인 자세로 일할 것입니다. '배려를 잘하는 당신이 정말 멋져요.', '글을 잘 써 주셔서 감사합니다.', '오늘도 고생 많았어요.', '일을 성실히 해 주셔서 좋은 결과가 나왔습니다. 고맙습니다.'와 같이 상대방의 외모, 능력, 성과, 배려심 등을 인정하고 격려하는 말을 하면 관계가 좋아지고 소통이 원활해집니다.

타인을 인정할 때는 먼저, 타인의 감정을 이해하고 공감하는

엄마의 감정 연습 •

자세가 필요합니다. 어려운 상황에 놓인 사람의 감정을 먼저 공감해 준다면 서로가 마음을 열고 좋은 관계를 형성할 수 있습니다. 예를 들어 남편이 사업이 안되어 괴로워할 때, "당신의 속상한 마음을 이해해요."라고 남편의 감정을 공감해 봅시다. 더불어 남편을 인정하며 격려를 아끼지 말아야 합니다.

"당신은 능력 있는 사람이고, 여태껏 최선을 다해 노력한 것을 잘 알고 있어요. 앞으로도 지금처럼 최선을 다한다면 위기는 꼭 극복할 수 있을 거예요."

상대방이 자신보다 잘나갈 때 질투심에 뭔가 흠집을 잡으려는 사람이 있습니다. 하지만 성숙한 사람이라면 상대방의 부정적 측면을 찾으려 시간을 낭비하기보다는 진심으로 상대방의 노력과 성과를 인정하고 축복해 줄 수 있어야 합니다. 상대방을 인정하고 그의 장점을 보고 배울 때 성장하고 만족스러운 삶을 살수 있습니다.

타인에게 존중받기를 원한다면 먼저 주위의 성공한 사람들에게 진심 어린 축하의 메시지를 전해봅시다. 그리고 힘들고 고통받는 사람에게 위로와 격려의 말을 전해 봅시다. 자신과 타인을 진정으로 인정할 때 세상은 더 밝게 빛날 것입니다.

집단주의에
빠지지 않는 기술

다솜 씨는 중학생 때 반에서 1, 2등을 할 정도로 공부를 잘했습니다. 다솜 씨는 종합반 상위권 클래스 학원에 다니면서 성적을 더 올려 원하는 대학에 들어가려고 했습니다. 학원비가 200만 원이나 되는 비싼 학원이었는데, 다솜 씨네 집은 넉넉한 형편이 아니었습니다. 다솜 씨가 학원 이야기를 꺼내자, 어머니는 다솜 씨에게 "지금 무슨 소리를 하는 거야? 넌 너밖에 모르니?"라고 화를 냈다고 합니다.

성인이 된 다솜 씨는 대학교를 졸업하고 직장생활을 하면서 학업을 좀 더 하고자 자신이 번 돈으로 대학원에 입학했습니다. 이

번에도 다솜 씨의 어머니는 "넌 돈 벌어서 너한테만 투자하는 이기적인 애야."라고 화를 냈다고 합니다. 집안의 경제적인 상황이 좋지 않아 어머니가 화가 나서 한 말이지만, 다솜 씨는 그 말이 가슴에 상처가 되었습니다.

위 사례처럼 다솜 씨가 학업에 열중하여 자신에게 투자하는 것을 '이기적이다.'라고 표현하던 어머니는 과연 옳았을까요?

이기주의 vs 개인주의 vs 집단주의

이기주의는 자신의 이익만 챙기는 마음을 뜻합니다. 자신의 이익에만 몰두하고 다른 사람에게 손해를 끼쳐도 관심을 두지 않는 마음을 말합니다. 타인의 이익을 침해하고 피해를 주면서 자신의 욕구를 채우기 위해 행동하는 일을 서슴지 않습니다. 다른 사람은 어떻게 되든지 간에 어떤 방법과 수단을 동원해서라도 자신의 만족을 추구하려 합니다. 이기적인 사람은 가족이나 타인보다 자신만이 중요하기 때문에 타인에게 사랑받기 어렵습니다. 이기적인 사람이 함께 모이면 배려가 없어 서로를 불행하게 만듭니다.

먼저 이기주의와 개인주의의 개념에 대해 짚고 넘어갈 필요가 있습니다. 이기주의와 개인주의는 종종 혼동되어 사용되기도 하지만, 분명히 다른 개념입니다.

개인주의라는 것은 자신의 욕구와 감정을 우선시하며 타인에게 피해를 주지 않고 다른 사람과 함께 살아나가는 것을 말합니다. 즉, 타인의 권리와 욕구를 침해하지 않고 존중하면서 자신의 권리와 욕구를 주장하는 것입니다. 사회에서 주어진 자신의 의무를 다하는 일은 개인주의적 사고에서 비롯됩니다.

개인주의와 반대되는 개념으로 집단주의를 들 수 있습니다. 집단주의는 집단에 소속되어 있으므로 스스로 보호받을 수 있다고 여기고 개인의 정체성보다는 사회 조직에 속한 소속감을 중시합니다. 집단주의는 개인의 이익보다는 집단의 목표와 이익을 중요하게 생각하기 때문에 집단의 목표 달성을 위해 개인의 손해와 희생을 감수하는 것이 당연하다는 논리를 가집니다.

집단주의는 가정, 직장, 사회에서 만연한데, 자신이 속한 집단과 다른 집단을 분명하게 선 긋고 자신의 집단을 옹호하며 똘똘 뭉쳐 다른 집단을 배척하는 행동을 합니다. 집단주의의 예로 한 사람이 직장, 사회가 원하지 않는 행동을 했을 경우, 그 사람을 집단에서 소외시키거나 배척하는 행위를 들 수 있습니다.

우리나라의 가족문화에는 유교적 집단주의가 자리 잡고 있습니다. 가족 구성원이 독립적인 개인으로서 행동하기보다는 '우리'라는 집단의 역할에 맞추어 움직이기를 바랍니다. 집단의 갈등과 다툼의 소지를 없애기 위해 개인의 부정적 감정이나 자기중심적인 행동은 억제하도록 요구됩니다.

어릴 적에 현경 씨는 맏딸은 희생하고 양보하는 것이 당연하다는 부모님의 말씀을 줄곧 들었습니다. 부모님은 '항상 언니가 먼저 동생을 돌보고 챙겨야 한다.', '언니가 마음이 넓어야 한다.', '모든 책임은 맏언니가 져야 한다.' 등의 생각을 가지고 있었습니다. 그래서 현경 씨는 동생과 가족을 위해 항상 애써야 칭찬과 인정을 받았습니다. 하지만 그녀는 가족을 위해 희생을 강요하는 부모님이 원망스러울 때가 많았습니다.

마냥 동생, 배우자, 자식을 위해서 자신을 희생하고 양보하는 삶은 우울하고 고달프지 않을 수 없습니다. 집단주의는 개인의 욕구와 감정을 존중하지 않은 채 가족을 위한 희생을 강요합니다. 지속해서 희생을 강요당한 개인은 결국 에너지가 소진되고 무기력해지며 탈진 상태에 빠져듭니다.

이타적 개인주의의 실천

이기주의의 반대 개념은 이타주의입니다. 이기주의는 자신의 이익을 위해 행동하는 반면, 이타주의는 타인의 행복과 안녕을 위해 행동합니다. 우리가 경계해야 할 부분은 집단 이기주의입니다. 이는 자신이 속한 가족, 집단의 이익만을 챙기려는 마음에서 비롯됩니다.

서울시립동부병원을 사스 전담병원으로 지정하려 했으나 동네 주민의 반대로 취소된 건, 경북 울진에 핵폐기장이 설치된다는 보도에 울진 핵폐기장 반대투쟁위 간부들이 한국수력원자력 사장에게 폭력을 행사한 건은 우리 사회에 집단 이기주의가 얼마나 만연한지를 보여 주는 사례입니다. 자신이 사는 곳의 집값이 내려갈까 봐 사스는 공기로 전염되는 질병이 아님에도 동네에 전염병이 돌지도 모른다며 민감하게 반응하는 것입니다.

직장에서도 집단을 만들어 자신의 힘을 과시하려는 사람이 있습니다. 자신의 의견이 직장에서 받아들여지지 않으면 집단으로 행동해 업무를 게을리하거나, 직장 분위기를 흩어 놓습니다. 이러한 집단 이기주의로 인해 공동체가 분열되고 폭력적인 행동이 난무합니다. 안타까운 현실입니다.

집단 이기주의에 반해 개인과 타인의 권리를 존중하고 함께 더불어 살아가며 타인을 위해 자신을 희생할 수 있는 일은 개인주의자가 이타주의를 실천할 때 비로소 가능해집니다. 이기주의자가 집단을 이루면 집단 이기주의가 되어 사회를 병들게 만들고, 개인주의자가 집단을 이루면 다채롭고 활력 있는 세상으로 변화됩니다.

사람은 타인에게서 도움을 주거나 받을 때, 자신이 무언가를 할 수 있을 때, 행복을 느낍니다. 타인의 도움을 받거나 자신이 무언가를 이루어 성취감을 맛본 경우는 자기만족의 수준에 그칩니다. 하지만 타인에게 도움을 준다는 일은 진정한 행복을 얻게 하고 자신과 타인을 더욱 사랑할 수 있게 만듭니다.

친구가 목마를 때 물을 가져다주거나 부모님이 머리가 아플 때 약을 챙겨 주는 일, 무거운 짐을 들고 있는 사람의 짐을 들어 주는 일, 눈이 잘 안 보이는 사람에게 안내판 글을 읽어 주는 일 등 소소한 도움도 타인에게는 큰 위로와 힘이 될 수 있습니다.

세상을 행복하게 하는 이타주의

우리가 사는 세상은 보이지 않는 힘과 권력에 지배됩니다. 어린아이조차 힘 있고 잘나가는 친구와 친해지려 한다고 합니다. 힘이 없고 존재감 없는 친구는 무시하며 자신의 힘을 과시하려 듭니다. 힘이 센 친구에게는 선물을 주며, 그의 마음에 들기 위해 물심양면으로 노력하고 애정을 갈구합니다. 무명 연예인들도 마찬가지입니다. 유명 연예인과 친해져 자신의 이름을 한 번이라도 기사에 올리기 위해 애쓰고 유명 연예인의 덕을 보려 합니다.

이러한 행동은 잘나가는 사람에게 친절하게 대하고 그의 필요를 채워 주려 노력하기 때문에 언뜻 이타적으로 비칠 수 있지만, 실제로는 자신의 실속을 채우기 위한 이기심에서 비롯된 행동입니다. 타인을 돕고 봉사한다는 명목으로 헌신하는 것 같지만, 자신의 인기와 힘을 키우려는 방편으로 타인을 이용하고 있지는 않은지 생각해 볼 일입니다.

타인을 이롭게 하는 행동은 뇌의 보상중추를 활성화해 행복과 기쁨을 느끼게 합니다. 이타적인 행동은 스트레스에서 벗어나게 하고 타인과 감정적인 교감을 통해 삶을 행복하고 윤택하게 만듭니다. 이타적으로 살아 보려고 노력하지만 생각보다 실천하기는 쉽지 않습니다. 그렇더라도 개인의 행복을 충족시키면서 타인에게 공헌하고 이바지하는 삶을 살아 봅시다. 타인의 행복을 위해 노력하되 자신을 소진하지는 말아야 합니다. 다른 사람의 일을 도와주는 것은 좋지만, 감당할 수 없을 정도로 일을 맡아 자신을 고통에 빠지게 하지 맙시다.

자신의 직장 일부터 육아, 남편 내조, 시댁 일 등을 일일이 챙기느라 탈진한 엄마를 만난 적이 있습니다. 그녀는 1년에 12번 시댁 제사를 챙기면서 일하다 과로로 입원하기도 했습니다. 자신이 감당하기 어려울 정도로 모든 일을 떠안았던 그녀는 정서적 소진으로 고생했습니다.

마음에서 우러나는 따뜻한 마음으로 공동체 감각을 키우는

엄마의 감정 연습 •

것은 이롭지만, 어떤 상황에서도 이타적인 행동을 해야 한다는 강박적 생각은 건강하지 못합니다.

만약 안정된 부유한 삶을 살고 있다면 고달픈 삶을 살아가는 사람에게 어떠한 형태로든 도움을 주는 일은 유익합니다. 오랜 경험으로 삶의 지혜가 쌓였다면 책이나 글, 강연, 영상 등으로 당신의 지혜를 타인에게 기꺼이 나누어 주는 일도 좋습니다. 타인을 이롭게 하고 윤리적으로 건강한 삶을 살아나가는 법은 당신을 성숙하게 만들며 자기실현을 가능케 합니다.

베풀고 사랑하며
성장하는 사이

제가 예전 직장에서 함께 근무했던 상사는 남에게 베풀기를 좋아하는 분이었습니다. 아침에 출근하면 직원들에게 웃으면서 커피를 내려 주는 친절한 분이었지요. 저는 직장에 들어온 지 얼마 되지 않았던 터라 업무를 익히느라 정신이 없었습니다.

어느 날, 문서 작업을 하면서 잘 이해되지 않는 부분이 있어 혼자 헤매고 있을 때 그분이 한 시간가량 시간을 내어 상세하게 설명해 주었습니다. 그리고 업무와 인간관계로 힘들 때면 언제나 이해하고 공감해 주었습니다. 마음이 따뜻했던 그분은 저뿐만 아니라, 모든 직원에게 도움을 주려고 애썼습니다.

엄마의 감정 연습 •

베푸는 사람을 싫어하는 사람은 없습니다. 상대방이 나에게 무언가를 베푼다면 고마움을 느끼며 기회가 될 때 그를 도와주고 싶습니다. 베푸는 사람의 선의에 감동하여 작은 것이라도 보답하려 합니다. 누군가가 당신이 힘들 때 도움을 주었다면 당신도 그에게 선물이나 편지로 감사의 마음을 전할 수 있습니다. 이는 자신에게 도움을 준 상대방의 은혜에 보답하려는 '호혜의 법칙'과 관련됩니다.

인간관계를 매끄럽게 하는 호혜의 법칙

인간관계를 잘 유지하기 위해서는 호혜의 법칙을 이해하고 따를 필요가 있습니다. 어떤 사람이 당신에게 도움을 줬는데, 당신은 그에게 무심하며 어떤 도움도 주지 않는 경우, 그는 서운한 마음을 가질 수 있습니다. 무언가를 바라지 않고 도움을 주었다 하더라도 당신이 도움을 받았다면 그에게 마음의 빚을 지는 셈입니다. 그러므로 타인에게 도움을 받았을 때는 될 수 있는 한 빠른 시일 내에 작은 보답을 하는 편이 좋습니다.

가까운 가족이나 친척 사이에서도 사소한 일로 서운해하며 다투는 경우를 봅니다. 가령 시누이가 돈이 필요하여 자금을 빌려 줬다고 합시다. 그 후 시누이가 금전적 여유가 생겨 당신에게 돈을 갚거나 감사의 보답을 하면 별문제가 되지 않습니다. 그런데 당신만 일방적으로 베푸는 행동을 할 뿐 시누이가 이에 대한 어떠한 보답도 하지 않는다면 가족 간이라도 관계가 멀어질 수밖에 없습니다.

사람들이 타인에게 도움을 주고 베푸는 것에는 다양한 이유가 있습니다. 타인의 질투, 시기심을 두려워하여 상대방에게 베푸는 행동을 하는 사람도 있습니다. 어떤 사람은 좋은 차와 명품 옷이 많지만 적게 가진 사람을 배려하여 대중교통을 이용한다거나 정기적으로 봉사활동을 하며 많은 사람에게 베푸는 행동을 합니다.

상대방이 나보다 부유하거나 멋져 보이면 부러움의 대상이 됩니다. 상대방이 부러울 경우 대다수 사람은 본능적으로 부러운 대상의 약점을 찾아 그를 깎아내리려고 합니다. 사람은 시기심으로 인해 경계의 대상이 되는 것을 본능적으로 두려워합니다. 많이 가진 사람은 타인에게 베푸는 행동을 통해 자신을 보호하려 애쓰기도 합니다. 실질적으로 타인의 시기심을 피하고자 상대방에게 도움을 주는 행동을 하는 것이지만 베푸는 행동은 사회에 유익하고 도움이 되는 행동임에는 틀림이 없습니다.

결국 타인에게 베푸는 행동은 인간관계에 도움을 줍니다. 다른 사람을 돕는 일은 나와 상대방 모두를 기쁘게 합니다. 남에게 무언가를 줄 수 있다는 기쁨은 자존감을 높이며 삶에 큰 활력을 불어 넣어 줍니다. 다만, 상대방에게 도움을 주려면 힘이 있어야 가능합니다. 만약 자신이 건강하지 못하고 만성피로에 시달린다면 상대방에게 도움을 주기는커녕 도움을 받을 수밖에 없습니다.

일상생활에서 타인에게 베푸는 삶을 살기 위해서는 필요한 부분에 정신을 집중하여 에너지를 사용해야 합니다. 종일 너무 많은 일에 신경 쓰느라 에너지가 방전되면 타인에게 베푸는 삶을 살 여력도 없어집니다. 불필요한 일은 줄이거나 피하는 편이 좋습니다. 건강해야 베푸는 삶도 가능해집니다.

남에게 받기만을 원하는 사람은 대다수가 이해타산적이거나 심리적으로 건강하지 못합니다. 그들의 행동은 과거의 상처로 인한 결핍을 보상받고자 하는 심리에서 비롯됩니다. 예를 들어 어머니가 장성한 자식에게 정신적, 물질적인 지원을 지속해서 받기만을 원하는 경우, 그 어머니는 어린 시절에 부모로부터 받지 못한 정신적, 물질적 결핍에 대한 보상을 자식을 통해 받고자 하는 것입니다. 경제적으로 어려워 다른 사람을 살펴볼 겨를이 없는 경우에도 타인에게 받기를 바랍니다. 삶의 고단함과 결핍은 타인을 돌볼 여유를 주지 않습니다.

타인에게 도움을 베푸는 다양한 방법

좋아하고 즐거워하는 일을 하면 삶의 활력이 생깁니다. 저는 산책, 음악 감상, 글쓰기, 커피 마시기 등을 좋아합니다. 좋아하는 일을 하면 에너지가 충전됩니다. 그래서 피곤하고 무기력할 때는 휴식하면서 좋아하는 활동을 합니다. 다시 에너지가 충전되면 사람들과 대화하고 그들에게 베풀 수 있는 여력이 생깁니다.

타인에게 도움을 주고 베풀 방법은 다양합니다. 물질적인 도움 외에도 외롭고 아픈 사람에게 배려하고 사랑의 마음을 전하는 것도 마음으로 베푸는 것입니다. 상대방이 마음이 아플 때 가만히 옆에서 그의 말을 들어주고 공감해 주는 것도 그에게 위로가 되고 마음으로 보살피는 것입니다. 상대방이 나로 인해 마음이 편안해지고 행복을 느끼게 된다면 이 얼마나 보람찬 일인가요? 좋은 글을 써서 사람들에게 삶의 지혜를 나눠 주는 것도 상대방을 이롭게 하는 행동입니다. 지하철을 탔을 때 임산부나 노인에게 자리를 양보해 주는 것은 도움이 필요한 사람에게 손을 내미는 선행입니다.

타인을 돕는 일에는 특별한 기술이 필요하지 않습니다. 있는 그대로 사랑이 담긴 마음을 상대방에게 전하면 됩니다. 당신이 성숙해질수록 배려와 사랑의 마음이 커져 타인에게 도움을 주고자 하는 열망이 커집니다. 사랑, 감사, 긍정, 헌신, 봉사를 통해 당신은 상대방을 기쁘고 행복하게 만들 수 있습니다.

매일 불평불만만 늘어놓고 화가 난 듯이 행동하는 사람은 그 시간 동안 깨달음을 얻기보다는 인생을 허비하는 것입니다. 자

엄마의 감정 연습 •

신의 문제에 몰입하여 항상 우울해하고 괴로워한다면 어찌 행복할 수 있을까요? 주위 사람을 사랑하는 마음으로 선행을 베푼다면 마음의 평화와 행복을 얻을 수 있습니다. 타인이 슬퍼할 때 그를 도우면 어떨까요? 타인과 음식을 나누어 먹는 일, 힘든 사람을 도와주는 일, 아픈 사람을 간호하는 일, 슬픈 사람에게 위로의 말을 전하는 일 등의 행동은 타인을 이롭게 함으로써 '나도 꽤 괜찮은 사람이구나.'라고 자신을 긍정적 시선으로 바라보게 만듭니다. 베푸는 행동을 통해 무기력하고 슬픈 감정은 사라지고 삶의 의미를 되찾아 회복과 성장을 이룰 수 있는 것입니다.

'받는 것보다 주는 것이 낫다.'라는 말은 타인에게 베푸는 삶의 중요성을 바로 말해 줍니다. 인생에서 성공하는 사람은 베풀 줄 알고 타인의 배려를 감사하게 받을 줄 아는 사람입니다. 성공하는 사람은 자신이 상대방을 돕는 만큼 도움을 받을 수 있다는 것을 압니다. 반면에, 실패하는 사람은 자신이 받기만을 바라며 타인에게 베풀지 않습니다. 실패하는 이는 베풀지 않으면 상대방도 자신을 배려해 주지 않는다는 것을 모릅니다.

상대방에게 도움을 주고자 할 때는 열과 성을 다하여 헌신적으로 베푸는 것이 좋습니다. 도움을 주고자 하는 마음만 가지는 것이 아니라 직접 행동으로 실천할 수 있는 용기가 필요합니다. 타인

에게 대가를 바라지 않고 선의를 행하려는 삶의 목표를 가질 때 삶
은 더 가치 있고 행복해집니다.

　　상대방의 영혼은 베푸는 이의 선량한 마음을 알아차립니다.
당신이 돕고 있는 것을 상대방이 알면 그는 당신에게 감사의 마음
을 전할 것입니다. 상대방이 비록 당신이 돕고 있는 것을 모른다고
하더라도 하늘이 당신에게 은혜로 보답할 것입니다. 타인을 돕는
행동은 결국 나를 이롭게 하며 우리를 성장하게 만듭니다.

① 타인을 인정하기

- 누군가가 인정하는 말을 하면 활력을 가지고 더 의욕적인 자세로 일하게 된다. 상대방의 능력, 성과, 배려심 등을 인정하고 격려하는 말을 하면 관계가 좋아지고 소통이 원활해진다.

- 타인의 감정을 이해하고 공감하라. 더불어 상황도 긍정적으로 받아들이고, 상대를 인정하며 격려를 아끼지 말아야 한다.

- 타인에게 존중받기를 원한다면 먼저 주위의 성공한 사람들에게 진심 어린 축하의 메시지를 전해보자. 그리고 힘들고 고통받는 사람에게도 위로와 격려의 말을 전해 본다. 자신과 타인을 진정으로 인정할 때 세상은 더 밝게 빛난다.

② 이타주의자로 살아 보기

- 오랜 경험으로 삶의 지혜가 쌓였다면 책이나 글, 강연, 영상 등으로 당신의 지혜를 타인에게 기꺼이 나누어 주라. 타인을 이롭게 하는 삶을 사는 법은 우리를 성숙하게 만들며 자기실현을 가능케 한다.

③ 정신 건강을 우선으로 챙기기

- 혼자 있는 시간을 충분히 가진다. 좋아하는 곳에 가서 치유의 시간을 가진다. 혼자만의 시간 속에서 오롯이 자신에게 집중하면 삶을 살아갈 힘을 얻는다. 각자의 평온한 공간에서 마음을 돌보고 사색하자. 혼자만의 시간은 내면을 성숙하게 한다.
- 다양한 일로 머리가 복잡하다면 잠시 그곳에서 벗어나 혼란스러운 마음을 정리한다.
- 주위를 둘러볼 수 있는 여유를 가지자. 마음의 여유는 상대방을 배려하고 세상을 따뜻하게 만드는 에너지를 제공한다.

④ 분노의 화염에서 벗어나기

- 분노의 감정을 숨기는 일은 문제를 해결하는 데 도움이 되지 않는다. 외면된 분노는 가슴속에 쌓여서 언젠가는 폭발한다.
- 분노를 느낄 때 완곡한 표현으로 분명하고 명확하게 감정을 전달한다. 분명하게 표현하면 상대방이 말하는 사람의 감정과 욕구를 이해하고 공감할 수 있다.
- 마음에 상처를 입고 분노가 쌓이면 용서하는 일이 쉽지 않다. 상대방을 용서하기 위해서는 화, 분노, 원망의 감정을 충분히 느껴야 한다.
- 분노를 충분히 느끼고 나에 대한 슬픔과 애도의 시간을 가진다.

감정이 깨끗이 정화되고 시간이 흐를수록 분노에서 자유로워
진다.

⑤ 타인에게 도움을 베풀기

- 물질적인 도움 외에도 외롭고 아픈 사람에게 배려하고 사랑의
  마음을 전하자. 상대방이 마음이 아플 때 가만히 옆에서 들어주
  고 공감해 주는 것도 위로가 되고 마음으로 보살피는 것이다.
- 있는 그대로 사랑이 담긴 마음을 상대방에게 전하면 된다. 사랑,
  감사, 긍정, 헌신, 봉사를 통해 상대방을 기쁘고 행복하게 만들
  수 있다.

Chapter 6.

삶을 변화시키기 위해
실천해야 할 것들

- 행복한 엄마를 위한 자존감 연습법

따뜻한 말,
배려하는 말

　　은영 씨는 두 아이의 엄마입니다. 남편이 회사 일로 바빠 매일 밤늦게 퇴근해서 아이들을 온종일 혼자 돌봅니다. 친구와 가끔 만나 수다도 떨고 싶은데, 아이를 잠시라도 맡아 줄 사람이 없다 보니 친구들도 못 만난 지 오래입니다. 한번은 주말이면 남편이 집에서 쉬기에 산책을 다녀올 테니 아이들과 놀아달라고 남편에게 부탁했습니다. 그러자 남편이 "매일 출근해서 돈 벌어 오는 사람한테 주말에 쉬지도 못하게 하고. 당신은 집에서 뭐 하는 사람이야?"라며 화를 냈습니다. 은영 씨는 그 한두 시간 아이들을 맡아 달라는 것도 이해해 주지 않는 남편에게 "아이 돌보는 데 아무 도움도 주지 않으면서 그걸 말이라고 해요."라고 말했습니다. 은영 씨는 남편이 자신을 배려하지 않고 무시한다는 생각이 들어 눈물이 났습니다.

여러 사람이 살아가는 세상에서 따뜻한 말 한마디는 우리의 마음을 훈훈하게 만듭니다. 따뜻한 말은 좋은 관계를 맺게 해주지만 차가운 말은 관계가 어긋나도록 만듭니다. 차가운 말 속에서 긍정적 관계가 만들어지기 어렵고 따뜻한 마음이 생겨날 수 없습니다.

따뜻한 말은 따뜻한 마음에서 나옵니다. 따뜻한 마음을 지닌 사람은 누구에게나 친절하고 상냥합니다. 자신보다 나이가 어리거나 직급이 낮은 사람, 약자에게도 함부로 대하지 않습니다. 반면, 자신보다 직급이 높은 사람에게는 승진을 위해 간도 빼줄 것처럼 행동하며 예의를 과도할 정도로 차리지만, 자신보다 아랫사람이라고 생각될 때는 존중하지 않을뿐더러 최소한의 예의는커녕 함부로 대하는 사람이 있습니다. 이는 아주 무례한 짓입니다.

계약직으로 근무하는 소진 씨는 "계약직 직원에게 어떻게 대하는지 살펴보면 그 사람의 됨됨이를 알 수 있어요. 정규직과는 여러 면에서 달리 대하는 사람이 너무 많아요."라며 상처받은 마음을 고백했습니다. 여러 사람과 있을 때는 평판을 생각하여 약자에게도 호의를 베푸는 척하지만 단둘이 있는 공간에서는 상대방을 깔

보고 무례하게 행동하는 사람도 있습니다. 이러한 행동은 사람을 서열화하여 조건에 따라 판단하고 행동하기 때문에 나타나는 것이 겠지요.

어떤 사람들은 사회생활을 할 때 자신이 고압적으로 말해야 아랫사람이 우습게 여기지 않는다는 고정관념을 가지고 있습니다. 나이가 많은 상사의 경우 아랫사람을 부드럽게 대하면 자신을 존중하지 않으리라고 생각합니다.

윗사람이 강압적인 태도로 명령조로 차갑게 말한다면 그 기세에 눌려 말은 따르겠지만 그 사람을 좋아할 수는 없습니다. 윗사람과 함께 일하는 것이 불편하고 능률도 떨어질 것입니다.

직장에서 주류 부서가 아닌 비주류 부서, 지원 부서에서는 사람들의 무례함으로 인해 고통을 받으며 인상을 찌푸리는 경우가 많습니다. 상대방을 존중하지 않는 마음은 말과 행동에서 자연스럽게 드러납니다.

폐쇄적인 마음에서 비롯된 갑질

소연 씨는 회사 내 지원팀에서 근무하고 있습니다. 타부서에 근무하는 소분 씨는 소연 씨보다 경력이 좀 더 많은데, 소연 씨가 근무하는 곳에 와서 이것저것 요구하는 것이 많습니다. 소분 씨는

"내가 오면 이렇게 커피 타서 주는 거야."라며 커피를 매번 타 달라고 하거나 소연 씨가 근무하는 곳을 자신의 휴게실마냥 들락날락하며 다른 직원 험담을 소연 씨에게 하고는 했습니다. 소연 씨는 소분 씨가 올 때마다 업무를 제대로 볼 수 없고 요구받는 것이 많아서 소분 씨가 오는 것 자체를 스트레스로 느낍니다.

위 사례에서 소분 씨는 지원팀 업무를 별 볼 일 없는 것으로 생각하며 지원실에 찾아와 무례한 행동을 자주 보였습니다. 소분 씨는 각 부서의 업무와 특성이 다름을 인정하지 않고 무례하게 행동하고 다니는 것입니다. 사람의 생김새가 각자 다르듯이, 직장 내에서 부서별 업무도 다양합니다. 각각에 점수를 매기듯 평가하고 폐쇄적인 마음으로 서열에 따라 사람을 대하는 사람에게서 따뜻한 배려의 마음은 찾아볼 수 없습니다.

갑질에 관한 논의가 점차 공론화되고 있습니다. 같은 직급으로 근무하고 있어도 자신이 매긴 주관적인 업무의 중요도에 따라 갑질 횡포를 부리는 사람이 많습니다. 같은 직급의 사람이라도 자신이 우위에 있다고 생각하며 갑질을 하는 사람도 있습니다. 힘을 가졌다고 착각하는 사람은 자신의 말에 사람들이 동조해야 하며, 자신이 시키는 대로 업무를 처리해야 한다고 생각합니다. 그런 사람은 자신의 말에 대꾸하거나 동의하지 않으면 고함을 지르며 언성을 높이거나 비아냥거리며 지속해서 괴롭히기도 합니다. 또 자기 직위를 이용하여 직급이 낮은 사람에게 자기가 해야 할 업무를 처리하도록 시키기도 합니다. 정말 무례하기 짝이 없는 행동입니다.

이러한 갑질은 상대방을 존중하지 않는 태도, 폐쇄적인 마음에서 비롯됩니다. 서로의 다양성을 존중하지 못하기에 배려하는 행동을 하지 못하는 것입니다. 당신은 '이것이 맞아. 저 사람이 말하는 것은 틀렸어.'라고 생각될지 모릅니다. 하지만 상대방은 '이것이 맞아. 저 사람 의견이 잘못되었어.'라고 생각하며, 각자 자신의 처지에서 말하는 경우가 많습니다. 상대방의 입장을 충분히 생각해 보고 열린 태도로 상대방을 따뜻하게 받아들이면 얼마나 좋을까요. 이제 어떻게 해야 상대방을 더 잘 배려할 수 있는지 알아봅시다.

마음과 마음을 연결하는 배려

배려는 상대방을 도와주고 보살펴 주려고 애쓰는 마음입니다. 배려는 우리의 가슴을 훈훈하게 만듭니다. 내 마음이 아플 때 상대방이 이러한 상황을 이해하고 관심을 가지고 도와주려 하는 이유는 배려하는 마음이 있기 때문입니다. 남편이 아내가 아플 때 좋아하는 음식을 포장해서 가져다 준다든지, 아내의 무거운 가방을 들어 주는 일도 따뜻한 마음이 담긴 배려로 볼 수 있습니다.

또 다른 배려하는 행동으로는 자신보다 약한 사람에게 양보해 주는 일, 약한 사람을 무시하거나 함부로 대하지 않는 일, 다른 사람에게 불편을 주거나 방해하지 않는 일, 타인과 대화를 주고받을 때 상대방의 상황과 상태를 고려하여 이야기를 나누는 일 등을 들 수 있습니다. 만약 큰 상을 받아 가슴이 벅찬 순간이라도 상대방이 실직하여 괴로워하고 있다면 그를 먼저 위로하는 것이 배려입니다.

우리는 서로에 대한 존중과 평등이 중요한 시대에 살고 있습니다. 강압적인 분위기에서 차가운 말과 행동을 보이면 상대방은 마음을 닫고 관계에는 금이 갑니다. 상대방을 존중하며 환한 미소로 맞아 주면 그도 당신에게 호감을 느낄 것입니다. 상대방의 말에 귀 기울이고 이야기를 들을 때 그를 향해 몸을 약간 기울이는 것도 상대의 말을 잘 듣고 있다는 배려의 표현입니다. 이처럼 표정과 자세를 통해서도 서로의 마음이 연결되고 이해됩니다.

당신이 상대방을 배려하면 그는 웃음 짓게 되고 기쁨은 여기저기로 퍼져 나갑니다. "감사해요.", "고마워요.", "행복해요.", "사랑해요."라는 말을 자주 하면 내면도 따뜻하게 변합니다. 마음이 따뜻한 사람은 말로 행복한 감정을 전하여 사람들이 다가오게끔 만듭니다. 상대방과 함께하는 기쁨을 누리고 싶다면, 먼저 다가가 그들을 배려하십시오. 그러면 상대방도 당신에게 손을 내밀 것입니다.

엄마의 감정 연습 •

작은 습관을 반복해
이루는 목표

    습관이란 어떤 행동을 지속적으로 반복해서 자연스럽게 몸에 익히는 일입니다. 미국의 듀크대학 연구팀은 인간의 행동 중 45퍼센트는 습관화되어 매일 반복된다는 것을 밝혔습니다. 사람은 깨어 있는 시간 중 절반을 옷 입기, 식사하기, 목욕하기, 운동하기, 글쓰기와 같은 습관적인 행동으로 보냅니다.

    타인이 어떤 습관을 지니고 있는지 또는 어떤 습관을 만들거나 없애고 싶은지를 살펴본다면 그의 가치관과 소망하는 바를 쉽게 알 수 있습니다. 좋은 습관을 기르기 위한 노력은 삶을 윤택하게 키워 나가기 위해 영양분을 제공하는 것과 같습니다. 일상에서 반복되는 행동은 습관으로 굳어져 우리에게 긍정적이든, 부정적이든 지대한 영향을 미칩니다.

영진 씨는 온종일 육아와 가사를 하느라 집 밖에 나갈 여유가 없습니다. 집에서 아이들과 텔레비전을 보거나 간식을 만들어 먹다 보니 작년보다 10킬로그램가량 살이 쪘습니다. 불어나는 살로 입을 옷도 마땅치 않고, 체력이 많이 떨어져 감기를 달고 살았습니다.

얼마 전부터 셋째아이를 어린이집에 보내면서 시간적 여유가 생겨 운동을 해 보기로 했습니다. 그녀는 체력을 기르기 위해 근처 헬스장에서 운동을 하기로 마음먹었습니다. 3개월치 헬스를 끊고 매주 3번, 2시간씩은 운동하기로 결심했습니다. 두 번 정도 격하게 운동을 하고 나니 몸살이 났습니다. 그래서 며칠 쉬고, 집안일로 피곤해서 또 며칠 쉬니 2주가 지나 버렸습니다. 잠시라도 운동을 해 보고자 무거운 발걸음을 이끌고 헬스장으로 갔지만, 샤워만 하고 나와 버렸습니다. 이렇게 영진 씨는 운동을 포기하고 말았습니다.

건강한 체력과 몸매를 만들기 위해 사람들은 운동 계획을 짜고 목표를 세웁니다. 영진 씨는 체력을 키우기 위해 주 3회 2시간씩 헬스장에 가는 목표를 세웠지만 실패했습니다. 운동을 거의 하지 않았던 영진 씨가 너무 무리한 계획을 세운 탓입니다.

엄마의 감정 연습 •

좋은 습관을 만들기 위해서는 인내가 필요합니다. 또 습관을 유지하기는 쉽지 않을뿐더러, 행동 습관을 바꾸려면 큰 의지가 필요합니다. 한 번에 무리한 계획을 짜는 것은 심적인 부담을 줄 뿐만 아니라 뇌에서도 거부 반응을 일으킵니다.

'하루 3번 스쿼트 하기'는 30초만 할애하면 충분히 가능하므로 부담 없이 목표를 달성할 수 있습니다. 그렇지만 운동을 해 본 적 없는 사람이 '2시간 운동하기'를 목표로 잡는다면 뇌에서 거부 반응을 일으킵니다. 어떤 엄마는 하루 24시간 일과표를 작성하여 매시간 계획을 달성하고자 노력해 보지만, 뜻대로 되지 않아 스트레스를 심하게 받습니다. 큰 계획을 이루려고 하다 보면 반드시 스트레스가 동반되며, 굳건한 의지와 인내심이 있어야 비로소 습관으로 형성될 수 있습니다.

작은 계획을 세우고 작은 성공을 반복하기

습관을 기르기 위해서는 작은 계획부터 실행하는 것이 좋습니다. 작은 목표를 성공적으로 이루어 내면 성취감을 얻습니다. '나도 할 수 있구나.'라는 믿음이 생깁니다. 반복적인 성공은 자신에 대한 신뢰를 강화하여 행복감을 맛보게 합니다. 또 목표를 이루기 위해 자신의 사고, 감정, 행동을 섬세하게 살펴보는 자신을 발견합니다. 작은 행동이라도 반복적으로 실천하면 자신을 통제할 힘을 기를 수 있습니다. 나쁜 습관을 제지할 수 있는 능력이 생기는 것입니다. 그래서 작은 습관부터 계획하여 이루어 나가려는 연습이 필요합니다.

즐거움, 행복감을 느낄 수 있는 사소한 습관을 기르면 피로와 무기력에 벗어날 수 있습니다. 예를 들어 '아침에 물 한 잔 마시기'를 통해서 몸에 수분을 공급하고 신진대사를 촉진할 수 있습니다. 더불어, 물을 마시는 습관은 다이어트에 효과적이며 면역력을 강화합니다. 3분 스트레칭하기, 윗몸 일으키기를 통해 신체활동을 촉진하고 스트레스를 줄일 수 있습니다.

하루에 긍정적인 생각 한 번 하기, 칭찬 한 번 하기, 감사하는 말 한 번 하기, 책 2쪽 읽기, 영어 단어 하나 외우기, 메모 한 번 하기 등과 같이 매우 작지만 실천 가능한 행동 습관을 길러보는 것은 어떨까요? 작은 습관도 매일 행동하다 보면 큰 목표를 이루는 토대가 됩니다. '하루에 책 2쪽 읽기'를 목표로 잡았다 하더라도 컨디션이 나쁘지 않을 때는 초과하여 읽는 경우가 더 많습니다. 최소한을 목표로 잡되, 컨디션이 좋을 때는 더 많은 양을 성취하고 피곤할 때는 최소 목표만 달성하면 되기에 부담이 줄어듭니다.

목표를 세울 때는 자신이 선호하는 방식으로 구체적이고 명확하게 작성하면 도움이 됩니다. '오후 3시에 책 읽기'와 같이 시간을 기재하는 방법과 '취침 전 감사하는 마음 갖기'처럼 일정한 행동과 관련지어 실행 목표를 정할 수 있습니다.

어떤 사람은 구체적인 시간 또는 행동과 관련된 목표를 계획하면 심리적인 부담감을 느껴 스트레스를 받고는 합니다. 저 또한 마찬가지여서 목표를 세우는 것만으로도 피곤해집니다. 이럴 경우에는 작은 목표를 잡되, 부담 없이 실천할 수 있는 나만의 계획을 짜보는 것도 좋습니다.

목표를 성취하는 데는 개인차가 있습니다. 사람마다 달리는 속도가 다르듯이 습관을 만드는 데 드는 시간도 다릅니다. 당신에게 적절한 최소한의 목표를 습관화하도록 스스로 계획하십시오. 스스로 계획한 목표는 더 의욕적으로 실천할 가능성이 큽니다. 당신이 평소 좋아하는 일에 대한 습관을 기르기는 더욱 쉽습니다. 블로그 포스팅을 취미 활동으로 즐기는 사람에게 '블로그 글 2~3줄 작성하기'를 목표로 잡는다면 더 집중할 수 있습니다.

사진 찍는 것에 흥미가 있는 영경 씨는 '사진 한 장 찍기'의 목표를 성공적으로 이루어 내고 있습니다. 핸드폰에는 카메라가 내장되어 있어서 잠들기 전에 사진 한 장을 찍는 건 어려운 일이 아니기 때문입니다. 사진 한 장만 찍기에는 아쉬워 영경 씨는 한 번에 5~6장씩 찍는 경우가 많습니다.

작은 습관에 어느 정도 익숙해졌다면 목표량을 조금 더 늘려 봅시다. 자신에게 부담이 되지 않는 선에서 목표치를 올리는 것입니다. '일주일에 5분 방 청소하기'에서 '일주일에 10분 방 청소하기'처럼 말입니다. 시간이 지남에 따라 사소한 습관 2~3개 정도를 형성할 수 있도록 노력해 봅시다.

목표를 세우고, 잘 실행하고 있는지 매일 체크해 보는 것이 좋습니다. 목표는 다이어리나 메모장에 적어 두고 항상 곁에 두면서 실천할 수 있도록 합니다. 실천 가능한 습관만 선택하여 실천해 봅시다(최대 2~3개 정도 권장).

매일 실천하면 도움이 되는 긍정적 생활 습관 목록

- '감사해.'라고 한 번 말하기
- '고마워.'라고 한 번 말하기
- '사랑해.'라고 한 번 말하기
- 환하게 한 번 웃음 짓기
- 메모 1회 하기
- 글 2~3줄 쓰기
- 물 한 잔 마시기
- 윗몸 일으키기 한 번 하기
- 스쿼트 한 번 하기

목표를 달성했다면 스스로에게 그만큼의 보상을 해 줍니다. 습관을 들이는 초기에는 즉각적인 보상을 제공해 주어 습관이 굳어질 수 있게 하는 것이 필요합니다. 즉각적인 보상은 눈에 보이는 음식, 선물과 같은 일차적 보상이 좋습니다. 일차적 보상은 생리적 욕구를 충족시켜 주는 것에 해당합니다.

성취한 일에 대한 보상을 받으면 행복을 느끼고 목표 성취에 대한 의지력을 키워 주어 성공적인 습관으로 자리 잡게 합니다. 운동 목표를 달성한 사람에게 보상으로 좋아하는 노래를 들려주거나 영화를 볼 수 있도록 하는 것, 좋아하는 간식을 제공하는 것은 기쁨과 즐거움을 선사합니다. 시간이 지난 뒤에는 일차적 보상 없이도 '오늘도 수고했어.', '앞으로도 잘할 거야.', '역시 최고야.'처럼 격려, 칭찬의 말과 같은 이차적 보상만으로 충분히 만족감을 얻을 수 있습니다.

작은 습관은 우리의 삶을 변화시킬 수 있는 놀라운 힘을 가지고 있습니다. 유익하고 좋은 습관을 지닌 사람일수록 목표를 쉽게 성취하며 행복한 삶을 살아갑니다. 사소한 습관이 모여 큰 성공을 일궈 냅니다. 습관을 바꾸는 힘은 바로 당신에게 있습니다.

사랑의 감정을
표현해 보는 연습

　　나경 씨는 자신을 무시하는 가족이 싫어서 가족을 떠나겠다고 다짐했습니다. 어린 동생을 돌봐 주려고 했지만, 동생은 나경 씨의 돌봄을 부담으로 느껴 연락을 받지 않을 때가 많았습니다. 이런 일들이 반복되자 나경 씨는 동생이 자신의 전화를 받기를 싫어한다고 생각하여 연락을 끊어 버렸습니다. 나경 씨의 어머니는 나이가 들수록 그녀에게 경제적인 지원을 원했고, 매일 안부 전화를 해 주지 않으면 불안해하며 화를 냈습니다.

　　나경 씨가 직장을 그만두어 어머니에게 용돈을 드리지 못하자 어머니는 그녀에게 무관심한 표정으로 연락하지 말라고 냉정하게 말했습니다. 나경 씨는 어머니가 자신을 진정으로 사랑하지 않는다고 느껴 서운했습니다. 반대로 어머니는 딸로서 책임과 역할을 다하지 않는다며 나경 씨를 나무랐습니다.

나경 씨가 다시 취업해서 어머니에게 용돈을 드렸더니, 어머니는 따뜻한 목소리로 반겨 주었습니다. 어머니는 도움이 되는 사람에게는 친절하게 굴고 그렇지 않은 사람은 배척하는 것처럼 보였습니다. 자식도 예외는 아니었습니다. 나경 씨는 이런 어머니의 행동에 서운함을 느꼈고, 어머니를 수 년간 정신적·물질적으로 부양하는 데 지쳐만 갔습니다. 심리적·육체적으로 완전히 소진되어 가족과 연락을 끊었습니다.

마음에 상처를 준 사람, 미워하는 사람을 좋아하기는 어렵습니다. 그 사람이 가족이거나 직장 동료라면 싫어하는 것도 어려워 거리를 두고자 할 것입니다. 대다수 사람은 타인을 사랑하기보다는 작은 일로도 미워하며, 자신과 타인에게 상처를 주는 말과 행동을 자주 합니다. "나는 ○○가 싫어.", "○○는 착한데, ○○는 정말 별로야."와 같이 뒷말하며 타인을 비방합니다.

누군가를 싫어하면 당연히 상대방이 하는 모든 행동이 못마땅합니다. 불쾌감과 거부감을 느끼며 그 사람을 부정하는 마음을 키워 갑니다. 부정적인 감정은 시간이 흐를수록 더 커지고 마음속에 강하게 자리 잡습니다. 이러한 감정은 몸의 일부분이 된 것처럼 마음속에 자리를 잡고 감정, 사고, 행동을 조종합니다.

타인에게 보낸 부정적 메시지는 되돌아온다

우리 주위에서 타인을 미워하거나 싫어하는 사람들의 모습을 자주 볼 수 있습니다. 이 글을 쓰는 순간에도 나의 친구는 사람으로 인해 상처받았고 자신을 힘들게 한 사람에 대해 메시지를 보내고 있습니다. 미움과 같은 부정적 감정을 자주 느끼면 몸과 마음이 아프고 인생이 불행해지지만 사람들은 이러한 부분을 쉽게 잊어 버리고는 합니다.

싫어하는 사람을 지나가다가 만나면 불쾌한 표정을 지으며 못 본 척 지나가고는 합니다. 이런 일이 반복되면 관계는 악화되고 서로에 대한 미움은 더 커집니다. 사람들은 자신을 보호하기 위해 먼저 타인을 경계합니다. 상대방을 거부하는 것이 자신을 보호하는 방법이라 여기는 사람들이 많은데, 실은 정반대입니다. 사랑하는 마음이 없을 때 정신적으로 나약해지고 상처와 고통 속에서 불행함을 느끼기 쉽습니다.

그러면 미워하는 마음을 어떻게 떨쳐 낼 수 있을까요? 미움의 반대말은 사랑입니다. 상대방을 사랑해 주면 됩니다. 자신을 사

엄마의 감정 연습 •

랑할 줄 아는 사람은 상대방을 사랑할 수 있습니다. 그러므로 자기 사랑이 사랑의 출발점이 됩니다. 어떤 사람은 이렇게 말할 것입니다. "저는 좋지 않은 유전자를 물려받아서 주의력이 떨어지고 실수가 너무 잦아요. 그리고 스트레스를 받으면 이겨 내기가 힘들어 충동적인 생각과 폭음을 해요. 이런 저를 누가 사랑해 줄까요? 저도 저를 인정하고 받아 줄 수가 없어요."라고 말입니다. 자신을 미워하고 혐오하는 방식으로 살아왔기에, 한순간에 자신을 사랑하기는 쉽지 않습니다. 습관으로 자리 잡은 오래된 미움의 감정을 털어버리고 자신의 작은 행동 하나하나에 사랑의 감정을 실어 봅시다.

사랑의 기운은 어느 누구한테도 전달된다

자신을 사랑하는 것은 스스로에게 자유를 주는 것과 같습니다. 자신을 이해하고 받아들이면서 삶의 조화를 이루어 낼 수 있습니다. 자기 사랑은 자신을 축복하고 타인을 사랑할 수 있는 큰 그릇이 되게 합니다. 사랑하면 할수록 사랑의 에너지가 샘솟아 서로를 행복하게 만듭니다. 어떤 사람 곁에 가면 즐겁고 행복한 기운이 넘쳐 나는 것은 그가 진정으로 자신을 아끼고 사랑하기 때문입니다.

긍정적으로 세상을 바라보면 모든 것이 사랑스러워 보일 것입니다. 마음속에서 분노, 혐오, 미움 등의 부정적 감정을 물 흐르듯이 흘려보내 봅시다. 창문을 열어 나쁜 공기를 밖으로 내보내듯이 마음의 문을 열어 부정적 기운들을 내 몸에서 날려 보냅니다. 부정적 기운들이 몸에서 빠져 나가면 가슴이 시원함을 느낄 수 있습니다. 가슴을 열어 부정적 기운을 내보냅시다.

심호흡하면서 사랑의 기운을 들이마시고, 몸속의 부정적 감정들을 코나 입으로 내보냅니다. 매일 반복적으로 부정적 감정을 흘려보내는 연습을 합니다. 그러면 답답했던 가슴이 편안해질 것입니다. 눈을 감고 부정적 감정을 날려 보내고 사랑, 행복, 감사와 같은 긍정적 감정을 가슴 속에 담는다고 상상합니다. 사랑하는 감정이 가슴속에 가득 담겨 온몸에 퍼질 때 당신 속의 사랑의 기운은 더욱 더 커질 것입니다. 사랑의 기운이 당신의 몸속에 전해지나요?

당신이 하는 취미 활동이나 살림에 대해 남편이 비난하며 평가 절하할 때 반감이 생길 것입니다. 비아냥거리는 말투가 자주 머릿속에서 맴돌고 화가 치밀어 오릅니다. 이럴 때 남편에 대한 미움, 싫음, 짜증과 같은 부정적 감정에 휩싸이기 쉽습니다. 남편을 미워하는 마음을 내려놓기는 쉽지 않습니다. 하지만 남편의 존재를 있는 그대로 받아들이고 미움의 감정을 가슴에서 떨쳐 버리려는 노력은 당신 자신을 위해서 필요합니다.

부정적 감정을 담고 상대를 바라본다면 그 상대도 부정적 감

엄마의 감정 연습 •

정을 느끼며 다가오게 됩니다. 미움과 같은 부정적 감정을 흘려보낼 때 사랑하는 감정이 싹틀 공간이 생겨납니다. 그를 싫어하고 미워하는 감정을 한 발자국 떨어진 곳에서 관찰합시다. 미움, 싫음, 분노와 같은 감정을 가슴 밖으로 날려 보내고 사랑의 감정을 선택하여 받아들입시다. 당신이 남편을 받아들이면 그도 오감으로 그러한 기운을 느끼고 남편 또한 당신을 받아들이게 됩니다. 즉, 좋은 관계를 맺기 위해서는 상대방에 대한 부정적 감정을 비우고 있는 그대로 받아들이는 자세가 중요합니다.

당신이 상대방에게 반감이 있을 때 눈빛, 표정, 말투에서부터 거부하는 기운이 올라와 상대방은 당신의 마음을 쉽게 알 수 있습니다. 그의 단점을 있는 그대로 받아들이고 수용할 때 참된 사랑이 찾아오고 세상도 당신을 축복할 것입니다.

사랑하는 마음은 사랑하는 마음을 불러들입니다. 당신이 자신을 사랑하면 상대방도 당신을 사랑하게 되고, 당신이 타인을 사랑하면 타인도 당신을 사랑하게 됩니다. 사랑은 행운, 행복과 같은 사랑스러운 감정을 샘솟게 합니다. 사랑은 세상을 행복하게 만들고 당신이 해결하지 못했던 문제를 자연스럽게 풀리게 할 것입니다.

삶을 긍정적으로
바라보는 시선

'나는 사랑받을 만한 자격이 있는 존재일까?'

누구나 살아가면서 이런 생각을 한 번쯤은 해 본 적이 있을 것입니다. 사람은 살면서 타인의 사랑을 받기 위해 부단히 노력합니다. 부모, 친구, 동료의 사랑을 얻기 위해 자신의 욕구를 무시하고 그들의 뜻에 맞춰 살기도 합니다. 타인의 의견에 맞춰야 자신이 사랑받을 수 있다고 생각하며, 미움을 사지 않는다고 생각하기 때문입니다.

사랑하는 사람이 있음에도 부모님이 원하는 사람과 결혼하

엄마의 감정 연습 •

여 불행한 결혼 생활을 하는 사람도 있습니다. 부모에게 의존하며 살았던 사람일수록 자기주장을 하지 못하고 부모의 의견에 순종하는 경우가 많습니다. 그래서 부모가 다니라고 하는 학교, 직장을 택하기도 합니다.

이처럼 많은 사람이 타인의 사랑을 받는 것에 큰 가치를 두는데, 타인이 나를 인정해 주는 것보다 내가 나를 먼저 이해하고 사랑하는 일이 더 중요하지 않겠습니까? 그런데 세상의 많은 사람은 대체로 자신을 사랑하지 않습니다. '모든 것이 내 잘못이야.', '내 탓이야.'라며 자신을 비난하기 바쁩니다. 자신을 사랑하지 않는 사람은 타인도 사랑하기 어렵습니다. 자신을 부정적으로 대하며 비난하듯 타인도 부정적으로 인식하고 깎아내리기 바쁩니다. 사랑이 없는 그릇에서 사랑과 인정을 찾는 것은 무의미한 일입니다. 자신을 사랑하지 않는 타인에게서 인정받기를 바라는 일만큼 어리석은 일이 어디 있을까요.

사랑의 기운은 자기 사랑에서부터 시작한다

미국의 극작가 조 쿠터트(Jo Coudert)는 "다른 사람의 사랑을 꼭 받아야 할 필요가 없습니다. 그것을 위하여 나 자신을 희생할 필요도 없습니다."라고 말했습니다. 쿠터트의 말처럼 타인의 기준에 맞는 삶을 살기보다는 자신의 가치를 인정하며 자신을 사랑하는 일이 먼저입니다. 그것이 사랑의 시작입니다.

자기 자신을 사랑하는 사람은 스스로에 대한 믿음을 가집니다. 그래서 힘든 상황 속에서도 스스로를 믿고 버텨 내는 것입니다. '내가 과연 해낼 수 있을까?', '난 못해. 어쩌지.'라고 고민하기보다는 자신을 믿고 삶을 충실히 살아갑시다. 자기 사랑은 고통스러운 경험을 극복하게 하며 더 단단하고 강한 자아를 만듭니다.

깨우침이나 행동이 남보다 느린 수진 씨는 자신을 자주 비난했습니다. 주위 사람도 "왜 이리 늦게 걷니? 행동 좀 빨리하렴."이라고 말하거나 "빨리 작업 좀 해 줘요. 속도가 너무 느려요."라고 질책하기 일쑤였습니다. 그러다 보니 수진 씨는 자신도 모르게 자신을 비난하고 자책했습니다.

어느 날, 수진 씨는 자기 비난을 멈추기로 하고 자신이 할 수 있는 선에서 최선을 다해 일하겠다는 마음가짐을 가졌습니다. '난 잘하는 것이 없어. 난 가치 없는 존재야.'라는 자기 비난을 멈추니 자기연민과 사랑으로 스스로를 바라볼 수 있었습니다. 수진 씨는 나쁜 습관이 빨리 고쳐지지 않는다고 자신을 질책하지 않았습니다. 습관을 고치는 데는 충분한 시간이 필요하다고 생각하고, 넓은 아량으로 자신에게 진심 어린 사랑을 베풀었습니다.

엄마의 감정 연습 •

자신을 있는 그대로 받아들이고 사랑하는 연습은 당신에게 행복을 안겨 주고 사람 사이에 기쁨을 선물해 줍니다. 다른 사람의 기준에 맞춰 살아가는 것은 너무 힘겹지만, 성실히 자신을 사랑하며 최선을 다하는 삶은 즐거움을 선사할 것입니다.

자기 사랑을 실천하려 애쓴다고 하더라도 미움의 감정이 한순간에 올라올 때가 있습니다. 우리의 자아는 미움이라는 감정의 씨앗보다 더 크고 강합니다. 부정적 감정을 마음만 먹으면 쫓아 버릴 수 있습니다. 미움과 같은 부정적 감정이 나타날 때마다 코끝으로 숨을 내쉬며 부정적 감정을 내버리는 상상을 하면서 심호흡을 해 봅시다. 다시 한 번 가슴이 시원해질 때까지 반복해 봅시다. 자신을 믿지 못하는 마음, 부정하는 마음을 심호흡과 함께 저 멀리 떨쳐 보내십시오.

부정적 감정은 문제를 해결할 수 없다

자신과 타인을 미워하는 감정을 내려놓았다고 해서 주위 사람의 반응이 크게 달라지지는 않습니다. 당신을 무시하는 행동을 했던 사람은 여전히 당신을 무시할 것입니다. 상대방이 당신의 원하는 바를 들어주지 않아도 상대방을 받아들이고 사랑하십시오. 내면에 사랑의 기운이 충만할수록 소망하던 일이 이루어지고 축복을 받을 것입니다. 부정적 감정에 휩쓸려 괴로워하기보다는 그러한 감정을 훌훌 털어내고 자신을 소중하게 아끼고 보살피는 마음으로 살아갑시다.

자신을 비난하고 자책한다고 해서 해결할 수 있는 일은 없습니다. 부정적 감정은 문제를 더욱 악화시킬 뿐이라는 사실을 당신도 잘 알고 있습니다. 걱정과 자책으로 '나는 할 수 없어.', '난 성공할 수 없어.'라는 생각이 들어 많은 것을 포기한 적이 있나요? 행복은 어떻게 행동하느냐에 달렸습니다. 부정적 생각은 어떤 진취적인 행동도 하지 못하게 만들고 사람을 무기력하게 만듭니다. 걱정과 불안에 휩싸여 아무것도 시도하지 못할 때는 먼저 행동부터 시작하면 긍정적 마음을 불러들일 수 있습니다. 당신에게 전혀 유익하지 않은 부정적 감정에서 벗어나 건강한 기운을 불러들이는 긍정적 감정에 집중해 봅시다.

자기 사랑은 일상생활 속에서 소소한 감정을 자주 느끼게 만듭니다. 감정을 억압하거나 느끼지 못하는 사람은 감정의 순환이 막혀 심리적·신체적인 문제가 나타납니다. 소소한 감정을 잘 읽는 사람은 몸과 마음의 변화를 쉽게 알아차려 자신의 상태를 정확히 알 수 있습니다. 자기 사랑은 내면의 작은 감정도 소중하게 생각해 일상의 행복을 느끼게 합니다. 아침, 점심, 저녁으로 소소한 감정을 느껴보는 시간을 가짐으로써 사랑의 감정은 점점 더 커져만 갑니다.

자기 사랑을 실천하는 방법 중에는 기쁨, 행복과 같은 긍정적 감정을 주는 순간을 떠올려 종이에 기록하는 방법이 있습니다. 사랑하는 아이와 함께 수영장에 가는 일, 친구와 커피숍에서 수다를 떠는 일, 가족과 야영장에서 신선한 새벽공기를 마시는 일, 낚시하며 여유를 즐기는 일 등 행복한 감정을 주는 활동을 적어 봅시다. 그리고 하나둘씩 실천에 옮겨 사랑의 감정을 키워 나가 봅시다.

당신이 미워하거나 혐오하는 사람을 사랑하기는 쉽지 않습니다. 하지만 당신이 더 행복해지기 위해서는 그를 받아들이고 사랑하려는 마음가짐이 필요합니다. 그의 의견을 무조건 무시하거나 비난하지 않고 수용할 수 있는 아량을 가져 봅시다.

자신을 진정으로 사랑하는 사람이 타인도 사랑할 수 있습니다. 진정한 사랑은 타인을 있는 그대로 받아들이며 공감하는 것입니다. 진실한 사랑은 조건 없이 품어 주고 바라보기에 상대방이 어떤 행동을 하든 실망하는 법이 없습니다. 자신을 사랑할 때 당신이 소원하는 모든 것을 이룰 수 있습니다.

어떤 시련 속에서도 긍정적으로 삶을 바라보는 것이 행복의 비결입니다. 긍정적 감정은 당신이 원하는 삶을 살게 할 것입니다. 행복은 먼 곳에 있지 않고 우리의 마음속에 자리 잡고 있음을 잊지 마십시오.

마음의 상처를
회복하는 법

민지 씨는 청소년 시절에 친구들과 크게 싸우고 나서 고통스러운 꿈을 자주 꾸었습니다. 친구들을 생각하면 화가 차오르고 가슴이 답답한 느낌을 받았습니다. 자신을 때렸던 친구와 비슷하게 생긴 사람을 보면 소스라치게 놀라며 겁을 먹었습니다. 엄마에게 힘들다고 털어 놓자, 엄마는 "네가 예민해서 그런 거야. 그 정도로는 다 싸우며 큰다. 엄마도 회사 일로 너무 힘든데, 앞으로 이런 이야기 계속하면 엄마가 집 나갈 거야."라고 말했습니다.

엄마 성격상 정말 집을 나갈 수도 있겠다는 생각에 민지 씨는 고통스러운 기억을 마음속에 묻어두고 우울하고 무기력하게 지냈습니다. 아무것도 하기 싫고 흥미 있는 일도 없었습니다. 민지 씨는 대인관계를 힘들어하고 사람의 눈을 쳐다보기 어려웠습니다. 누군가와 대화할 때면 위축되어 듣기만 할 뿐 자신의 의사를 잘 표현하지 못했습니다. 민지 씨는 항상 혼자 지내며 사람들이 자신을 싫어할까 봐 두려워했습니다. 성인이 된 뒤에도 청소년 시절 친구로 인해 받은 마음의 상처를 생생하게 기억하며 불안, 분노에 휩싸일 때가 많았습니다.

우리는 살아가면서 자신도 모르게 타인에게 상처를 주기도 하고 받기도 합니다. 팔, 다리를 다치는 신체적 상처는 바로 알 수 있지만, 정신적인 상처는 쉽게 알아채지 못할 수 있습니다. 트라우마는 충격적인 사건으로 인해 겪게 되는 심리적 상처입니다. 같은 트라우마 사건을 겪더라도 어떤 사람은 예전처럼 일상생활로 돌아가 안정적으로 살아가지만, 누군가는 평생 상처를 간직하며 괴롭게 살아갑니다.

사람의 얼굴만큼 다양한 트라우마

사람들이 상처를 받을 수 있는 일들은 각양각색입니다. 누군가는 동료의 말 한마디에 상처를 받는가 하면 상대방이 상처를 줄 의도가 없다 하더라도 자신이 원치 않았던 반응을 보일 때 상처를 받기도 합니다. 열심히 노력했으나 주위에서 자신에게 칭찬, 격려의 말은 하지 않고 비난할 때에도 상처를 받습니다. 억울하게 누명을 뒤집어쓰고 사람들의 공격을 받을 경우, 교통사고로 건강이 악화된 경우, 학교나 직장 등에서 은밀하게 따돌림을 당한 경우에도 상처를 받습니다. 같은 말, 행동, 상황이라 할지라도 사람마다 상처를 받는 정도, 회복 기간은 제각각입니다. 또 상처를 받아도 당시에는 상처받은 것을 인식하지 못하다가 먼 훗날에 마음의 병이 나타나 고생하기도 합니다.

상처를 받은 이후 보이는 반응은 다양합니다. 상처받은 이들은 상처를 받았던 일과 비슷한 일을 겪으면 소스라치게 놀라는 반응을 보입니다. 트라우마 사건 이후 감정의 흐름이 막혀 감정을 제대로 표현하지 못하는 경우가 많습니다. 사람들은 감당하기 힘든 환경이나 내적 갈등 상황에 처했을 때 자신을 보호하기 위해 감각을 무디게 만듭니다. 그래서 회피적 행동을 보이거나 느끼는 감정을 억압하는 것입니다. 억압은 불안한 상황에서 자신을 보호하기 위한 무의식적인 반응으로 화, 적개심 등 부정적 감정을 억누르는 것입니다. 화나고 괴로운 상황에서도 감정을 표현하지 않는 것, 기억상실증도 억압의 대표적인 예입니다.

어떤 사람은 불편한 감정을 노출하기를 꺼려 구체적이지 않

엄마의 감정 연습 •

은 막연한 말을 하기도 합니다. 이를 심리학적 용어로 '주지화(主知化)'라고 합니다. 이는 '억압'과 같이 불안한 상황에서 미성숙하게 반응하는 심리 기제입니다. 예를 들어 자신의 아픈 감정과 생각을 표현하기 꺼리면서 토론과 정치적인 이야기에 몰두하는 것입니다. 남편과 사별한 후 책에 몰입하며 시간을 보내는 것도 주지화일 수 있습니다.

감정의 흐름이 막혀 제대로 순환하지 못하면 과거의 감정, 생각에 사로잡혀 현재와 접촉하기 어려워집니다. 상처에서 회복하지 못한 사람은 긍정적 정서를 느끼기 어렵습니다. 이들은 "나는 나쁜 사람이야.", "믿을 사람이 없어.", "세상은 위험해."처럼 자신, 타인, 세상에 대한 부정적이고 과장된 믿음을 가집니다. 예전에 사람 만나는 것을 좋아했던 사람도 사람을 피합니다. 인간관계가 귀찮고 힘들기 때문입니다. 신경이 곤두서 예민해지고 우울과 불안 증세를 보이며 알코올중독에 빠지기도 합니다. 삶이 무기력해지며 앞으로 어떻게 살아나가야 할지 막막합니다. 앞으로도 불행이 닥쳐 올 것이라 예상하며 하늘을 원망합니다.

마음의 병, 트라우마를 극복하는 방법

트라우마는 이처럼 우리의 몸과 마음을 병들게 합니다. 트라우마를 겪는 이유가 무엇일까요? 충격적인 사건, 유전적 요인 외에 야노프 불만(Janoff-Bulamn)의 박살난 가정 이론(Theory of shattered assumptions)에서는 외상 경험에 대한 반응에 영향을 미치는 세 가지 신념을 제시했습니다. "세상은 살기 좋고 안전한 곳이야.", "세상은 합리적이고 공정한 곳이야.", "나는 소중한 존재야."와 같이 세상의 우호성, 합리성, 자신의 가치에 대한 신념이 무너질 때 외상 후 스트레스 장애를 겪는다고 보았습니다.

마음의 상처를 입으면 대다수 사람은 괴로웠던 장면과 기억을 떠올리기 힘들어 회피하는 증상을 보입니다. 하지만 상처를 치유하기 위해서는 다시 과거의 힘든 기억을 떠올려 부정적이고 왜곡된 생각을 재해석하는 과정이 필요합니다. 상처받은 내면과 마주할 용기가 필요한 것입니다. 그 방법을 다음과 같이 제시합니다.

코로 숨을 들이쉬고 입으로 길게 내쉬는 복식호흡을 2~3분 정도 하여 마음을 안정시킵니다. 눈을 감고 상처를 입었던 상황을 구체적으로 떠올립니다. 머릿속에 떠오른 감정, 생각은 통제하지 않고 자연스럽게 흘려보냅니다. 떠오른 감정, 생각 등을 스케치북이나 흰 종이에 그림, 글씨, 기호 등 내가 원하는 형태로 표현합니다. 그리고 상처를 느끼는 강도를 그림 옆에 1~5(숫자가 커질수록 상처의 강도는 커짐)로 표시합니다. 이렇게 하루에 4~5번씩 반복해서 과거의 기억을 떠올리며 머릿속에서 흘려보내는 작업을 반복합니다.

엄마의 감정 연습 •

마지막으로 긍정적 감정을 느끼고 안전감을 가지기 위해 눈을 감고 가장 행복했던 순간, 장소에 있다고 5분 정도 상상합니다. 평온하고 행복한 감정이 느껴진다면 그 감정에 머무릅니다. 힘든 기억을 떠올리는 것은 에너지 소진이 매우 큰 작업이기 때문에 이러한 방법은 마음이 심약한 상태가 아닐 때 사용해야 합니다.

또 다른 방법으로 상처 입었던 일을 바라보는 사고의 틀을 바꿔 봅시다. 우리는 한 가지 사건에 집중하여 전체를 바라보지 못하는 우를 종종 범합니다. 좁고 편협한 시각에서 벗어나 넓은 시야와 여러 각도에서 상황을 바라봅시다. 어제 친구가 당신에게 냉정하게 던진 말 한마디에 기분이 상해 앞으로 친구와 연을 끊겠다고 생각한다고 가정합시다. 마음에 상처를 심하게 주었던 말이라면 당연히 그런 생각을 가질 수 있습니다. 하지만 오랜 시간 동안 친구와 함께 지내 오면서 친구로 인해 위로받고 공감받았던 기억을 떠올려 보십시오. 당신이 힘들었을 때 친구가 전해 준 따뜻한 말 한마디에 마음이 풀렸던 것을 회상해 봅시다.

하나의 사물을 현미경으로 확대해서 들여다보면 전체적인 형태를 살펴볼 수 없습니다. 작은 사건에만 의미를 부여하여 친구를 부정적으로 바라보고 친구의 행동을 단정 지어 버린다면 섣부른 결론을 내리기 쉽습니다. 상대방의 시각에서 상황을 바라보고 이해하며 그럴 수도 있겠다는 생각이 들 때 그 일에 대해 새로운 의미 부여가 가능합니다. 당신도 실수하듯이 상대방도 실수할 수 있다는 생각이 기억을 바꿀 수 있습니다.

과거의 일을 떠올릴 때마다 화나고 억울한 감정이 가슴에서 올라옵니까? 우리가 기억하는 억울한 일은 과거의 상황을 객관적으로 바라본 것이 아닐 수 있음을 명심하시기 바랍니다. 억울하고 화나는 순간들의 경험만 담아 고통스러운 상황으로 편집된 기억임을 인지합시다. 넓은 시야로 바라본다면 과거의 일로부터 부정적 영향을 받거나 삶이 휘둘리는 일은 드물 것입니다. 기차를 타고 창가에서 집, 나무, 꽃들을 바라보듯이 시야를 넓혀 자신의 상황을 정확하게 바라볼 수 있는 능력을 키워야 합니다.

더불어, 감정일기를 써 보길 권합니다. 괴로운 기억에서 느껴지는 감정을 감정일기에 구체적으로 표현해 보는 것입니다. 어떤 감정을 느껴도 괜찮고, 표현해도 좋습니다. 기쁨, 슬픔, 괴로움, 분노, 화, 멍하고 무감각한 느낌과 같은 감정을 있는 그대로 느끼면서 글로 표현해 보면 부정적 감정이 해소되고 마음이 정화됩니다.

어떤 상황에서 느껴지는 감정을 글로 표현해 봅시다. 감정일기를 쓸 때 감정을 의문형으로 표현하지 않도록 주의해야 합니다. '왜 그때 서운했을까?'와 같이 의문형으로 감정을 표현하면 그 감정의 소용돌이에 다시 빠져들기 때문입니다. '서운하다.' 또는 '서운하

　　　　　　　　　　　　　엄마의 감정 연습 •

구나!'와 같이 평서문, 감탄문의 형태로 감정을 기록해 봅시다.

이렇게 감정일기를 매일 쓰다 보면 주로 어떤 감정을 느끼는지 알 수 있습니다. 더불어 어떤 상황에서 감정적으로 힘들어하는지도 알 수 있습니다. 매일 자신이 느끼는 감정을 살펴보면 생각과 행동의 패턴도 알 수 있습니다. 감정일기를 써 보면 자신의 감정을 쉽게 조절할 수 있고 다스릴 수 있어서 스트레스를 예방하는 데 도움이 됩니다. 매일 자신을 성찰하는 계기도 됩니다.

또 믿을 수 있는 가족, 친구를 만나 괴로운 마음을 털어놓아 봅시다. 현재의 안전한 상태에서 과거의 일을 회상하여 말로 표현해 보면 과거의 사건과 거리감이 확보되어 객관적인 시각에서 그 당시의 상황과 감정, 생각을 재해석할 수 있습니다. 사건에 대한 믿음이 변화되면 자신, 타인, 세상을 바라보는 관점도 바뀝니다.

과거를 현재처럼 생생하게 붙잡는 일은 어리석습니다. 오래된 나쁜 기억을 매일 되새기는 일만큼 고통스러운 삶도 없습니다. 거기서 벗어나야 평화로워질 수 있습니다. 트라우마를 겪은 뒤 인생의 실패자로 살 수도 있지만, 이를 잘 극복한다면 심리적 성장을 이루어 인생의 목표를 성취할 수 있습니다.

새로운 인생
시나리오 쓰기

과거의 아팠던 기억들로 자책하는 사람들은 자신의 인생 이야기를 새롭게 써 보기를 권합니다. 가족치료사인 화이트(M. White)와 문화인류학자인 앱스턴(D. Epeton)이 호주와 뉴질랜드를 중심으로 발전시킨 심리 치료 이론의 하나로 '이야기치료'라는 것이 있습니다. 이야기치료는 문제로 제기되는 이야기에 대안적 이야기를 구성하여 새로운 정체성을 확립해 갑니다.

한 개인의 경험은 사회문화적 맥락에서 이해되고 해석되므로 각자가 동일하게 경험했더라도 사회문화적 위치에 따라 느끼는 바가 다릅니다. 이야기치료는 부정적 인생 시나리오에서 문제와

엄마의 감정 연습 •

자신을 분리하여 긍정적 새로운 시나리오로 재편성함으로써 올바른 자아상을 만들도록 돕습니다.

저를 찾아왔던 내담자 한 분은 과거에 충동적인 행동을 한 탓에 인생이 끝장났다고 토로했습니다. 그는 과거의 잘못된 행동으로 미래를 비관적으로 바라보고 자신은 아무것도 할 수 없는 무능력한 존재라 여겼습니다. 자신을 부정하기에 삶에 대한 자신감이 떨어지고 위축된 모습을 보였습니다. 감정을 이해하고 표현하는 것을 어려워했습니다. 그는 타인도 자신을 부정적으로 볼 것이라는 생각에 인간관계마저도 피하며 외로운 인생을 선택했습니다.

이 내담자처럼 섣부르고 충동적인 행동을 했던 자신을 한탄하기보다는 문제와 자신을 분리하여 문제에 대한 통제력을 길러야 합니다. 자신을 건강한 인격체로 인식하는 편이 현실에 적응하는 데 도움이 됩니다. '섣부르고 충동적인 행동' 문제를 자신과 분리하지 못한 사람은 문제와 자신을 연결 지어 부정적 자아상을 가질 수밖에 없습니다.

충동적인 행동이 불러온 쓰나미

과거의 잘못된 행동, 예를 들어 '섣부르고 충동적인 행동'이 자신의 삶에 어떤 영향을 미쳤는지 곰곰이 생각해 보기를 권합니다. 또 어떤 이유에서 그렇게 생각했는지 자신에게 물어 봅시다. 누군가는 그 물음에 이렇게 답할 것입니다.

"충동적인 행동이 제 인생을 어둡게 만들고 송두리째 파괴했어요. 나를 비난하게 되고 못난 사람이라 자책하고 주위 사람들도 이런 저를 피하는 것만 같았죠. 사람들과 연락을 끊고 지내면서 우울하고 아픈 나날을 보냈어요. 제가 신중하지 못해서 일어난 일들이고 저는 누구의 사랑을 받을 자격도 없는 사람인 것 같아요. 매일 술을 마시거나 음식을 폭식하면서 제 마음을 달래고 하루하루를 겨우 버티고 있어요."

그리고 문제행동에서 벗어나 자신의 힘이 강해진 상황을 탐색할 수 있는 질문을 스스로 던져 봅시다. 질문의 답은 글로 표현합니다. 글은 두고두고 읽을 수 있으므로 자신의 힘이 강해진 순간을 글로 표현해 자신에 대한 믿음을 키워 보기를 권합니다.

- 섣부르고 충동적으로 행동하지 않았던 순간은 언제였나요?
- 당신이 문제에서 벗어난 순간에 어떤 느낌이 드나요?

엄마의 감정 연습 •

한 내담자는 위 질문에 이렇게 답했습니다.

"저는 평소에 섣부르거나 충동적인 행동을 하지 않아요. 차분하다는 말을 많이 듣는 편이죠. 다만, 제가 억울하다고 느끼는 상황에 부딪히면 이성적인 판단이 쉽지 않아요. 너무 억울해서 화가 머리끝까지 차오르면 충동적으로 행동할 때가 있어요. 하지만 이것도 과거의 일이고, 이제는 억울한 상황에 부딪혀도 며칠간 아무런 행동도 하지 않고 가만히 있어요. 억울한 감정이 올라오는 순간 후회할 행동을 한 경험 덕분에 시간을 갖는 것이죠. 며칠이 지나면 화난 감정이 많이 가라앉아 다시 평상시처럼 행동할 수 있었어요. 특히 충동적인 행동으로 고통을 맛본 뒤로는 몇 번씩 저를 점검하고 확인하는 버릇이 생겼어요. 잘 모르는 일은 돌다리도 두들겨 보자는 심정으로 물어보면서 섣불리 행동하지 않았어요. 또다시 충동적인 행동으로 실패를 맛보고 싶지 않았거든요. 충동적인 행동에서 벗어난 지금은 성숙한 인간이 된 듯하고 마음이 평온해졌어요."

새로운 인생을 위한 정체성 구축하기

나 자신의 힘이 강해져 문제에서 벗어난 순간을 탐색한 후, 이제 나만의 새로운 긍정적 시나리오를 만들어 삶의 이야기를 재구성해 봅시다. 문제행동에서 벗어나 새롭고 독특한 결과가 나타난 일과 행동을 상기하며 진정한 깨달음을 얻고 자신의 삶을 긍정적으로 조망해 봅시다. 과거, 현재, 미래의 자신의 행동과 정체성에 관련하여 다음과 같이 질문을 던져 봅시다. 이를 통해 자신에 대한 새로운 시나리오를 만들고 대안적 정체성을 구축할 수 있습니다.

- ○○에게 당신은 어떤 존재였을까요?
- 당신은 ○○를 어떻게 생각하시나요?
- 친구가 당신에게 준 믿음을 어떻게 기억하고 느끼나요?
- 변화된 당신의 모습이 친구와의 관계에서 어떤 도움이 될까요?
- 친구들이 당신의 달라진 모습을 보고 어떻게 느낄까요?
- 당신이 어떻게 충동적인 행동을 조절할 수 있었는지 이야기해 줄 수 있나요?
- 힘들었던 시간을 어떻게 견딜 수 있었나요?
- 감정을 다스리고 싶다는 당신의 소망에 비추어 볼 때 당신은 어떻게 살기를 바라나요?
- 섣부르거나 충동적으로 행동하지 않는 당신은 인생에서 어떤 것이 가치 있다고 여기나요?

엄마의 감정 연습 •

위 질문을 통해 자신을 바라보는 관점을 변화시켜 긍정적 자아상을 그려내고 새로운 삶의 교훈을 얻을 수 있습니다. 문제행동에서 벗어나 내면의 힘이 강해진 순간들을 기억하십시오. 어떻게 행동을 다스리고 인내할 수 있었는지, 당신을 믿어 준 사람은 누구인지, 누구로 인해 당신이 성장할 수 있었는지 글로 표현해 봅시다.

"어떻게든 끝까지 버텨 내야겠다는 오기로 충동적인 행동을 조절할 수 있었어요.", "엄마가 끝까지 저를 믿고 기다려 줬어요.", "성공적으로 삶을 살아온 ○○를 보면서 그의 끈기와 노력을 본받고 그 사람처럼 되고 싶었어요."와 같이 생각의 흐름대로 써 볼 수 있습니다. 당신이 바라는 사람이 되기 위해서는 무엇을 실천해야 하는지 구체적인 방법을 생각해 봅시다.

사람들이 어떻게 바라보느냐는 정체성 형성에 영향을 미치고, 그들은 당신에게 기대하는 대로 당신의 행동을 판단하게 됩니다. 자신에게 긍정적 기대와 말을 해 주는 사람을 통해 우리는 성장할 수 있고 바람직한 방향으로 나아갈 수 있습니다. 당신에게 매번 부정적 말을 쏟아 내거나 비난하는 사람들 속에서는 당신은 무력감에 빠지고 자신을 혐오하게 될 수 있습니다. 이러한 관계는 깨끗하게 정리하는 것이 바람직한 정체성 형성에 도움이 되고 개인의 성장과 발전을 돕습니다. 중요한 사람과의 관계를 재정리하는 일은 긍정적 정체성을 구축하는 데 도움이 됩니다.

오랫동안 '나쁜 사람', '필요 없는 사람'과 같이 부정적 자아상을 그려 왔다면 새로운 인생 시나리오를 그려 나가는 일에 어려움을 느낄 수 있습니다. 자신에 대한 잘못된 믿음과 해석이 굳어져 있는 사람이라면 믿음과 용기를 주는 지인과 함께 긍정적 시나리오를 그려 봅시다. 긍정적으로 바라보며 성장할 수 있게 도와주는 사람이라면 더욱 좋습니다. 그들을 통해 장점, 긍정적 면은 어떤 부분인지 새롭게 알아 나가고, 자신의 역할을 재정립할 수 있습니다.

엄마의 감정 연습 •

Check! ∼∼∼
엄마의 감정 연습 여섯 째. 감정을 주도하는 5가지 방법

① 긍정적 감정을 표현하기

• "고마워요.", "행복해요.", "사랑해요."라는 말을 자주 해서 사람들에게 행복한 감정을 전한다.

• 이야기를 들을 때 상대방을 향해 몸을 약간 기울이는 것도 상대의 말을 잘 듣고 있다는 배려의 표현이다. 경청의 자세를 통해서도 서로의 마음은 연결될 수 있다.

② 작은 목표를 세우고, 작은 성공을 반복하기

• 습관을 기르기 위해서는 작은 목표부터 실천한다. 작은 목표를 성공적으로 이루어 내면 성취감을 얻고, '나도 할 수 있구나.'라는 자신감이 생긴다.

• 작은 행동이라도 반복적으로 실천하면 자신의 행동을 통제할 힘을 기를 수 있다. 나쁜 습관을 제지할 수 있는 능력이 생긴다.

• 즐거움, 행복감을 느낄 수 있는 사소한 습관을 기르면 피로와 무기력에 벗어날 수 있다.

• 하루에 긍정적 생각, 칭찬, 감사하는 말을 한 번씩 하라. 작은 습관도 매일 행동하다 보면 큰 목표를 이루는 토대가 된다.

③ 사랑의 기운 전달하기

- 마음속에 분노, 혐오, 미움 등의 부정적 감정을 물 흐르듯이 흘려보낸다. 마음의 문을 열어 부정적 기운들을 내 몸에서 날려 보내자. 심호흡하면서 사랑의 기운을 들이마시고, 몸속의 부정적 감정을 내보낸다.
- 매일 반복적으로 부정적 감정을 흘려보내는 연습을 한다. 눈을 감고 부정적 감정을 날려 보내고 사랑, 행복, 감사와 같은 긍정적 감정을 가슴 속에 담는다.

④ 자기 사랑을 실천하기

- 기쁨, 행복 등 긍정적 감정을 느꼈던 순간을 떠올려 종이에 쓴다.
- 기록한 것을 하나둘씩 실천에 옮겨 사랑의 감정을 키워 나간다.

⑤ 마음의 병, 트라우마 극복하기

- 복식호흡을 2~3분 정도 하여 마음을 안정시킨다. 눈을 감고 상처를 입었던 상황을 구체적으로 떠올린다.
- 떠오른 감정, 생각 등을 스케치북이나 흰 종이에 그림, 글씨, 기호 등 자신이 원하는 형태로 표현한다. 하루에 4~5번씩 반복해서 과거의 기억을 떠올리며 머릿속에서 흘려보내는 작업을 반복한다.

엄마의 감정 연습 •

- 안전감을 느끼기 위해 눈을 감고 가장 행복했던 순간, 장소에 있다고 5분 정도 상상한다. 평온하고 행복한 감정이 느껴진다면 그 감정에 머무른다.
- 상처 입었던 일을 바라보는 사고의 틀을 바꾼다. 좁고 편협한 시각에서 벗어나 넓은 시야와 여러 각도에서 상황을 바라본다.
- 감정일기를 써 본다. 괴로운 기억에서 느껴지는 감정을 종이에 구체적으로 표현해 본다. 여러 감정을 있는 그대로 느끼면서 글로 표현하면 부정적 감정이 해소되고 마음이 정화된다.
- 믿을 수 있는 가족, 친구를 만나 괴로운 마음을 털어놓는다. 안전한 상태에서 과거의 일을 회상하여 말로 표현해 보면 객관적인 시각에서 그 당시의 상황과 감정, 생각을 재해석할 수 있다.

걱정 많고 불안한 삶을 일으켜 세우는 긍정의 심리 기술

엄마의 감정 연습

ⓒ 박태연 2021

1판 1쇄 2021년 1월 25일
1판 4쇄 2021년 5월 3일

지은이 박태연
펴낸이 유경민 노종한
기획마케팅 1팀 우현권 **2팀** 정세림 금슬기 최지원 현나래
기획편집 1팀 이현정 임지연 **2팀** 김형욱 박익비 **라이프팀** 박지혜
책임편집 박지혜
디자인 남다희 홍진기
펴낸곳 유노라이프
등록번호 제2019-000256호
주소 서울시 마포구 월드컵로20길 5, 4층
전화 02-323-7763 **팩스** 02-323-7764 **이메일** uknowbooks@naver.com

ISBN 979-11-91104-06-6 (13190)

- — 책값은 책 뒤표지에 있습니다.
- — 잘못된 책은 구입하신 곳에서 환불 또는 교환하실 수 있습니다.
- — 유노라이프는 유노북스의 자녀교육, 실용 도서를 출판하는 브랜드입니다.